科恩历史哲学研究

陈 伟 著

On Gerald Allan Cohen's
Philosophy of History

复旦大学出版社

本书为国家社会科学基金项目"科恩历史哲学研究"(批准号:10CZX009)结项成果(证书号:20161834)

目 录

导言 / 001

第一章 "信仰而不奉承" / 001
第一节 科恩如何成为一个分析的马克思主义者？ / 002
第二节 "九月小组"与分析的马克思主义 / 010

第二章 "主流方法论" / 027
第一节 分析的马克思主义的"分析"是什么？ / 028
第二节 分析的马克思主义的主要特征 / 043

第三章 生产力和生产关系 / 054
第一节 两个预备性概念 / 055
第二节 生产力 / 065
第三节 生产关系 / 078

第四章 "发展命题"和"首要性命题" / 087
第一节 两个基本命题的含义 / 087
第二节 "发展命题" / 089
第三节 "首要性命题" / 094

第五章 上层建筑和"合法性问题" / 108
第一节 上层建筑的外延问题 / 108

第二节 "合法性问题"及其解决方案 / 111

第三节 经济基础在何种意义上决定上层建筑？ / 123

第六章 功能解释和唯物史观 / 132

第一节 何谓功能解释？ / 132

第二节 唯物史观运用的是功能解释吗？ / 142

第三节 "分析的马克思主义"是"马克思主义"吗？ / 153

结语 / 159

主要参考文献 / 165

后记 / 172

导　言

> 分析的马克思主义决不是当代马克思主义中唯一有活力的思想潮流，但是，在我看来，它的确是为重建马克思主义提供了最有前途的一般战略。
>
> ——[美]E. O. 赖特

一、在分析的马克思主义背景下更全面、深入地认识和理解科恩历史哲学

本书的研究主题是科恩历史哲学，但是，必须首先将其置于分析的马克思主义这样一个大背景中，才能更全面、更深入地认识和理解科恩历史哲学。

分析的马克思主义自20世纪70年代在英、美等国学术圈兴起以来，作为国外马克思主义研究的新鲜血液和创新成果，以其科学性表现出了丰富的理论价值和坚强的实践生命力。迄今，该研究已经过四十多年的成长，无论是他们的学术团体"九月小组"还是他们的研究主题，都发生了不小的变化。国内学者对分析的马克思主义的跟踪研究经过二十余年的发展，现在也开始逐渐表现出自己的研究特色。具体而言，对国内外研究情况分而述之：其一，国外分析的马克思主义的研究主要以"九月小组"为核心，以其他学者的追随或者批评为外围。自1979年9月伦敦的周末聚会开始，科恩、埃尔斯特、罗默等人讨论的主题最初集中

在剥削论域,1981年9月起,"九月小组"讨论的主题日益广泛化,但主要分为三类:一是经验理论研究,主题是历史唯物主义、阶级等问题,主要以科恩和赖特为代表;二是规范理论研究,主题是剥削、平等、公正分配等问题,主要以科恩和罗默为代表;三是方法论研究,主题是功能解释、方法论的个人主义、博弈理论或者更广泛意义上的理性选择理论等问题,主要以科恩和埃尔斯特为代表。当然,这种划分并不否认他们也不断涉猎其他领域。20世纪90年代之后,他们研究的主题基本转向政治哲学领域。进入21世纪之后,"九月小组"成员开始关注恐怖主义、女性政治、气候变化等全球性的议题。追本溯源,可以说,他们研究的关键词是马克思基本主题的继续,即批判资本主义、教条主义和"胡说的马克思主义",构建新的科学社会主义理论,寻求资本主义的替代选项。就这一点而言,无论"九月小组"的成员是否承认自己是马克思主义者,他们实际上都在继续马克思的研究事业。其二,国内对分析的马克思主义的研究,从最初主要是译介、跟踪性的研究,到现在正逐步转向参与和对话。从20世纪80年代开始,国内就有学者对分析的马克思主义进行翻译和介绍。虽然那时译介的作品在数量上不算太多,但是引进了分析的马克思主义这一新思潮,并对其进行了一定的批判,这些都扩展了我国马克思主义研究的视野和思路;经过许多学者专家的不断努力和探索,现在,国内对分析的马克思主义的研究正在进入一个新的阶段,开始运用逻辑和语言的分析技术、模型建构和理性选择理论等分析技术研究当下的哲学、政治经济学、社会主义等领域的一般主题,甚至包括全球性的热点问题,并参与国际学术讨论,与国际同行对话,不断在分析的马克思主义领域发出中国的学术声音。

　　前面是对分析的马克思主义研究情况的一个概要介绍,后面在第一章中有专门的论述,接下来先谈谈本书的整体构思。本书包含双重结构,一明一暗。"明结构"是本书的章节安排,根据研究对象的排序来布局,这将在接下来的第六部分中详细介绍。"暗结构"指本书的研究目的,它们不完全受章节限制,没有全部以章节标题的形式出现,但是它们或者说对它们的思考内在地贯穿于本书的整个论说过程之中。

本书的"暗结构"是：一个中心，六个问题。"一个中心"指以科恩历史哲学的经典文本《卡尔·马克思的历史理论：一个辩护》为中心，通过对该经典文本进行宏观和微观的双纬解读，展开科恩历史哲学的真意和价值。"六个问题"指围绕科恩历史哲学而展开的六个基本问题，即(1)源起——主要阐述科恩的学术选择与其生活经历之间的关系，科恩历史哲学与分析的马克思主义之间的关系，以及科恩历史哲学与马克思历史哲学之间的关系；(2)内容——科恩历史哲学的基本内容；(3)方法——科恩历史哲学所运用的主要方法论；(4)局限——科恩历史哲学中的不足和局限；(5)坐标——科恩历史哲学在马克思主义哲学发展史上的地位和价值；(6)批判——从对科恩历史哲学的研究出发，探讨马克思历史哲学研究的创新之路。围绕这"一个中心，六个问题"，本书关注的重点是：科恩是如何为历史唯物主义辩护并构建其历史哲学的？科恩历史哲学对马克思主义的理论研究有什么重要意义？这两个问题需要细致的阐述和论证，它们是本书致力于回答的重点。

本书的目标是论述科恩历史哲学，并在对其批判的基础上显示出历史唯物主义研究的新路径。全书紧紧围绕科恩历史哲学的主题词："主流方法论""发展命题""首要性命题""合法性问题"和功能解释等。"虽然这里探讨的领域并不宽广，但是，对马克思历史理论的重建而言，它是决定性的基础。"①

二、运用"主流方法论"分析科恩历史哲学

本书是对科恩历史哲学的系统论述，主要采用和科恩历史哲学的研究方法相同的方法论，即主要运用"主流方法论"尤其是分析哲学的方法论，对科恩历史哲学本身进行分析。这里的"主流方法论"是指现代西方

---

① William H. Shaw, *Marx's Theory of History*, Stanford University Press, 1978, p.4.

哲学社会科学研究通常运用的方法论,主要包括逻辑的与语言的分析技术、经济分析技术和理性选择理论等。但是,在对科恩历史哲学进行批判的时候,我们会运用到整体论和历史主义等方法论。

由于"主流方法论"具有鲜明的科学特征,从而使包括科恩历史哲学文本在内的分析的马克思主义作品表现出如下风格:特别注重界定概念的内涵和外延,厘清概念之间的结构关系,从而使表达更精确;强调命题成立的逻辑根据,明晰命题的真假界限,从而使命题更严谨;关心论证的前提真实性和逻辑有效性,从而使论证更相关、更充足和更有说服力;同时,以博弈理论、数理模型和调查分析等方法为马克思主义的经典理论建立微观基础。这样做的结果有其双面性,"优点"是这样的作品更为清晰、准确和严谨,符合逻辑论证的规范;"缺点"是这样的作品容易显得机械化、呆板化,"因此,它更易于被批评,但是我并不对此感到遗憾"[1],因为这至少比模糊含混、模棱两可地论述而很难被批评要好得多。因为独特的方法论风格,使得分析的马克思主义在国外马克思主义诸多流派中脱颖而出,正如赖特评述的那样,"分析的马克思主义决不是当代马克思主义中唯一有活力的思想潮流,但是,在我看来,它的确是为重建马克思主义提供了最有前途的一般战略"[2],这或许可以成为我们需要认真研究和借鉴科恩历史哲学的重要理由。

此外,在借鉴先进的学术资源方面,马克思和恩格斯早已为我们做出表率。无论是黑格尔的唯心主义辩证法还是费尔巴哈的形而上学唯物主义,无论是英国的政治经济学还是法国的空想社会主义,无论是先进的社会科学还是先进的自然科学,只要是先进的思想资源,马克思和恩格斯都进行批判的借鉴和吸收,从而为自己的理论创新服务。在这一点上,相对而言,作为整体论、实践论和历史主义较为流行的国家,我国

---

[1] G. A. Cohen, *Karl Marx's Theory of History: A Defence*, Princeton University Press, 2000, p. ix.

[2] E. O. Wright, *Interrogating Inequality: Essays on Class Analysis, Socialism and Marxism*, Verso, 1994, p. 179.

当代马克思主义者应该承继马克思和恩格斯的研究传统。我们不能简单地拒绝现代西方主流的哲学社会科学方法论,而要适当地批判地学习和借鉴,从而为马克思主义理论研究和创新服务。

也许有人坚持说实践是检验真理的根本标准,在这一点上,我们完全赞同;但是,需要补充的是,这丝毫不否定逻辑具有检验真理的功能,甚至是检验真理的一种重要方法。因为任何真正的理论除了靠实践检验之外,理论的分析和证明是不可或缺的。如果一种实践在思想上不符合逻辑,那么它就无法被真正理解和完全认同。对于理论研究而言,坚持逻辑分析的技术有助于避免实践上的周折和不必要的代价。并且,坚持逻辑分析的理念和方法,有助于不被主观主义缠绕,不被教条主义束缚,有助于更好地检验真理,从而与时俱进地推进马克思主义研究。因此,在坚持科学分析的规范标准这一点上,任何真正的马克思主义者都应该不会反对。况且,马克思本人曾经在批评盲目的追随者时明确地表示"我只知道我自己不是马克思主义者"①,这正说明马克思本人反对那种对待其理论的教条主义或主观主义的态度。因此,从坚持科学分析这一角度而言,科恩是正确的。

三、分析方法的清晰性和严格性要求、相关文献资料的占有情况和我们的思辨特征对本书的阐述和批判的规制

关于分析方法的清晰性和严格性要求,这不仅取决于我们对科恩历史哲学的忠实理解,更先在地取决于我们的相关分析技术能力。科恩曾明确指出,"因为看到一种理性方法在一本书或者一篇文章中的效用并发现了它的吸引力,所以就能轻易地接受和运用这一方法,这是极端困难的。我所描述的方法的实践要求一个训练过程,一个学徒期"②。在这

---

① 《马克思恩格斯选集》第 4 卷,人民出版社,2012 年,第 599 页。
② G. A. Cohen, *Karl Marx's Theory of History: A Defence*, p. xx.

一方面,我们已经初步具备理解分析的马克思主义所要求的"训练过程"和"学徒期"。作者在硕士阶段攻读的是逻辑学专业,博士阶段攻读的是马克思主义哲学专业;1999年开始从事现代逻辑、逻辑哲学、分析哲学和语言哲学等领域的教学科研工作,然后在2004年转向分析的马克思主义研究,迄今已经十多年。即便如此,作者深知,分析功夫的深浅仍然会成为行文水平的一个必要参数。

在对文献资料的占有方面,无论从权利层面还是从权力层面,本书都比较全面地占有科恩历史哲学的第一手资料尤其是最重要的文献资料①,以及国内外学者对科恩历史哲学进行论述和批判的第二手甚至第三手资料。关于科恩历史哲学的作品,国外文献资料应当从1970年科恩的《对历史唯物主义的一些批判》②算起,国内第一本系统地介绍分析的马克思主义的著作则是1993年余文烈先生的作品《分析学派的马克思主义》③。科恩的历史哲学作品是运用分析技术对马克思主义的概念和命题进行分析和论证;关于科恩历史哲学的第二手作品(和第三手作品)则主要是对科恩历史哲学进行阐述和评判。我们已有的中文资料虽然绝大部分还限于译介工作,但不夸张地说,他们已经对分析的马克思主义在中国的介绍、传播和批判做出了先驱者意义上的重要贡献;当然,由于大量的分析的马克思主义尤其是科恩历史哲学的一些重要文献至今还没有被翻译成中文,所以,我国学者对科恩历史哲学的研究仍有待深入。

在文本的依据方面,我们坚持以科恩历史哲学的原著为根本依据。即使我国已有一些译本,比如,我国已经有G. A. 科恩《卡尔·马克思的历史理论:一个辩护》、威廉姆·肖(William Shaw)《马克思的历史理论》

---

① 感谢G. A. Cohen在参考资料方面的帮助,当年(2005年)他既惠赠了我难以搜集到的分析的马克思主义的重要文献资料,又从我列出的文献目录中推荐了他认为的重要作品。
② G. A. Cohen, "On Some Criticisms of Historical Materialism", in *Proceedings of the Aristotelian Society*, Supp. Vol. (1970), pp. 121 - 141.
③ 余文烈:《分析学派的马克思主义》,重庆出版社,1993年。

等相关文献的中文译本,但是,我们在引用他们的观点和论证时,仍然坚持以原著为依据;除非没有找到相关的原著作品,或者为了斟酌对原文理解上的准确性,以便确切地把握作者的真实意思。

在参考国内外文献的过程中,我们发现至少有两个问题需要引起我们的注意。一个是知识性的误差,主要表现为理论和观点译介不够准确。有的学者在翻译中不知道出于何种原因而把原作者的重要观点翻译得不准确甚至是错误的,使原作者的观点出现了逻辑矛盾,另有学者甚至在原作者所属大学这样的基本资料上出错。尽管这些不是非常重要的学术问题,但会使读者对其他方面包括学术观点阐述的准确性产生合理的怀疑[①]。另一个是解读性的误差,主要表现为:(1)"忽略语境",没有根据科恩有关作品的上下文来进行解读,而是随意阐论,尽管初读起来似乎头头是道,但那些不是科恩的观点表达,而是解读者的意见发挥;(2)"轻率概括",有的文献资料既缺乏认真的考证,也没有根据逻辑的严格性进行证明,而是以点为线,以线为面,以偏概全,轻率地做出了自己需要的或者社会需要的非逻辑的结论。这些问题给我们以提醒,也许一般而言,在译述、评论过程中不能完全避免这样或者那样的问题;同时,我们也不能说我们自己已经完全避免了这样的情况,但是我们可以肯定的是,我们注意到了这样的情况,并且尽我们最大的努力来避免这样的情况发生。所以,这里想表达的是,本书一方面以分析的马克思主义的方法论来阐论科恩历史哲学,以保持其表达的清晰性和论证的严谨性;另一方面我们努力坚持以清晰性和严谨性作为论证我们自己观点的学术标准。

至于本书的思辨特征,主要是指作者的思维方法、分析技术和论证方式所展示出来的思辨情况,这是每一个生活在一定现实世界中的个体

[①] 在这里,我们不提及具体的作者作品,因为文本出现的问题也许是因为某些特殊的技术原因。如果读者要核实我们这个命题的真实性,只要把相关的分析的马克思主义者的引文进行中英对照和文本研究,就可以很容易地证明该命题的真实性。

都必须面对并且无法超越的。如果简单地来说,本书的思辨特征可以概括为:分析为主,综合为辅。作者已经接受现代逻辑和分析哲学的长期熏陶,处理哲学问题时自然倾向于坚持"主流方法论"尤其是分析哲学和语言哲学的技术路线;但是,"反者,道之动",因为受到国内生存论路向马克思主义研究的影响,以及国外分析哲学中思辨的形而上学的不可思议的增长和繁荣①,所以在反思和批判科恩历史哲学时,我们可能会不自觉地表现出对"感性活动"的某种偏好、对方法论整体主义的运用和对形而上学问题的探究等"综合性"倾向,这些和"分析性"共同构成一种客观的前提性规定。

四、走出"剧场假相"②,坚持一种"信仰而不奉承"③的理性立场

如果说科恩对马克思主义持一种"信仰而不奉承"的态度,那么他是反对把马克思主义类同于一种宗教,而是坚持认为马克思主义应该类同于科学。在这里,"信仰"是一种价值选择,是对社会主义的一种政治承诺;"不奉承"是一种方法选择,是认为只有不敬畏、不奉承的批判性探究才能实现"不唯上、不唯书、只唯实,交换、比较、反复"④,才能真正地发展马克思主义。

对于科恩历史哲学,国外学术界大体上有两种态度。一种是持赞成或友好的态度,如安德鲁·莱文、理查德·诺曼等人。他们认为科恩的研究"坚实了马克思历史理论的基础",其工作是"令人尊敬和钦佩的""具有开创性的","科恩历史哲学是值得深入研究的"。另一种是持批判

---

① 参见[英]T. 威廉姆森:《近40年来分析哲学的转变》,徐召清译,《世界哲学》2015年第4期,第5—24页。
② 参见培根的"四假相"说:种族假相、洞穴假相、市场假相和剧场假相。Francis Bacon, *The New Organon*, Beijing: Foreign Language Teaching and Research Press, 2010, pp. 40-42.
③ G. A. Cohen, *Karl Marx's Theory of Historical: A Defence*, p. xvii.
④ 习近平:《在纪念陈云同志诞辰110周年座谈会上的讲话》,人民出版社,2015年,第9页。

甚至排斥的态度,持这种态度的学者并不少,如埃尔斯特(Jon Elster)、塞耶斯(Sean Sayers)、曼德尔(Ernest Mandel)等人。埃尔斯特怀疑对历史唯物主义进行功能解释是否"合法",他更强调历史唯物主义的方法论个体主义基础,更愿意从微观上寻找一种马克思历史哲学的解释学;塞耶斯等人则认为科恩历史哲学是"一种学院式的语言批判"或者"是对马克思历史理论的肆意扩展",其工作本身恰恰是不属于马克思主义的。对于上述各种批判,科恩做了比较详细的回应。国内对科恩历史哲学的研究起于 20 世纪 80 年代,迄今为止大致可分为三个阶段。第一个阶段是从 20 世纪 80 年代到 20 世纪末,重点是对科恩历史哲学进行翻译、介绍以及简单的述评,以余文烈、段忠桥等为代表;第二阶段是 21 世纪初的 10 年,重点是对科恩历史哲学进行分解式研究,以段忠桥、俞吾金、魏小萍、陈伟等为代表。现在正进入第三阶段,已到了对科恩历史哲学进行系统研究的时间。通过系统地清理科恩的历史哲学,借鉴其有益的思想和方法,批判其不足和局限,为下一步深入研究历史唯物主义奠定基础、扫清障碍。

  作为一个在西方马克思主义衰落时期出现的新马克思主义者,科恩将左派献身于社会主义的价值目标和现代西方主流的哲学社会科学方法论结合起来,对马克思经典理论进行批判性的考察,它的形态和结构必然会全部地依赖于他的学术和时代遭遇,这是他的历史运命,无法超越,因此科恩历史哲学自然有其不可超越的局限性。在本书中,我们对其持一种严谨的批判态度。所谓严谨,指的是一种逻辑风格的思维方式,不追求简单的辩证思辨,既不盲目吹捧,也不随意批评,而是追求在客观陈述的基础上"有理、有节"地评判,努力做到言之有据,表达清晰,论证有力。如果说我们反对以意识形态的态度对"资产阶级"的理论进行绝对地批判,因为那样违背了科学的标准要求和理性精神,那么我们同样反对因为自由主义的浸染而认为西方的都是正确的,因为缺乏批判的吸收更是另外一种教条主义的表现,是一种披着自由主义外衣的新教条主义。因此,对科恩历史哲学我们坚持批判的态度。例如,在为生产力的首要性地位进行论证时,就不能忘记"感性活动"的能动作用。"感性活动"使历史成为现实的人的历史,而不是抽象的"技术决定论"或者"经济决定论"的历史,因为那些观点和黑格尔的精神现象学是源出同根,都是知性的形而上学范式;而同源于主观意识的"无批判的实证主义"和"浪漫主义的批判主义"也都是对"感性活动"的蔽而不见,他们没有认识到,正是"感性活动"开启了马克思主义的新视域,正是在"感性活动"中达到了对物质属性和社会属性"两分思维"模式的超越。至于"感性活动"如何展开,正如吴晓明教授指出的那样,当代中国的"感性活动"之展开有两个基本的前提规定,一是:"它必然地处在现代世界的格局中,而这一格局意味着现代性的主导原则(资本和现代形而上学)之具有世界历史意义的普遍展开";二是:中国"非常独特的文化传统"[①]。在这两个基本的前提规定和社会现实中,如何深入而切实地综合这两者成为当前中国马克思主义的时代课题与历史使命。

基于以上论述,我们认为,无论是逻辑的分析路向,还是实践的生存论路向,都是对现实问题的一种学术回应。在理论和科技"指数级"发展的今天,我们必须博采众长,才不失为一种客观公允的态度。因此,我们对科恩历史哲学持一种"同情式理解,批判性建构"的立场。我们希望通过与科恩历史哲学、马克思经典文本和现实生活实践等多纬度的对话,显现出马克思主义研究和发展的新的可能性。

五、在批判的同时,强调分析方法的无可替代性,阐发科恩历史哲学研究的重要意义

在批判科恩历史哲学的同时,我们注意到马克思历史唯物主义的生存论路向。正如恩格斯指出的那样:"一切社会变迁和政治变革的终极原因,不应当到人们的头脑中,到人们对永恒真理和正义的日益增进的

[①] 吴晓明:《哲学的时代课题与使命》,《复旦学报》(社会科学版)2006年第5期,第4页。

认识中去寻找,而应当到生产方式和交换方式的变更中去寻找;不应当到有关时代的哲学中去寻找,而应当到有关时代的经济中去寻找。"①正是这样一种生存论的路向显示出历史唯物主义研究的另一种可能性。但是,如果在坚持生存论路向时无视或者不够重视分析方法的重要性,那么就如坚持纯粹的分析而忘记生存本体一样,都是未能反思并走出"剧场假相",未能批判地认识"对象化世界"。

如果问研究科恩的历史哲学有什么意义,那么从它们的经典作品一问世就能够引起国外学者的极大关注和热情这一现象就能看出:它本身的存在是非常值得研究的。

具体而言,研究科恩的历史哲学的实践意义至少有三:其一,它有助于我们更清醒地认识马克思主义尤其是历史唯物主义的当代意义。马克思主义是我国的指导思想,研究分析的马克思主义有助于我们对马克思主义多一个研究的思维视角,更清楚地从认识上深化对马克思主义尤其是历史唯物主义当代意义的理解。其二,它有助于我们在实践中依据真正的马克思主义进行社会主义建设。我们在建设特色的社会主义国家,我们的社会主义建设实践正日益走向"深水区",这就需要科学的理论指导。研究马克思主义,借鉴分析的马克思主义者的研究成果,如科恩对生产力与生产关系、经济基础与上层建筑之间关系的功能解释,对我国的社会主义建设实践就有着重要的指导意义,并对我们的马克思主义理论创新有重要影响。其三,它有助于推进我国马克思主义学术研究的普遍化。科恩历史哲学有强调细节、注重概念明晰和论证严谨性的优点,是"科学的"马克思历史哲学。在科学大行其道的今天,借鉴当代西方"主流的哲学社会科学研究方法",批判地吸收当代西方主流的哲学社会科学分析技术,形成中国式马克思哲学研究的风格,必将有助于我国马克思哲学学术作品的国际化认同,有助于推进我国马克思哲学学术研究的普遍化。

---

① 《马克思恩格斯选集》第3卷,人民出版社,2012年,第797—798页。

同时，研究科恩的历史哲学的理论意义也至少有三：其一，它有助于我们借鉴吸收当前国外马克思主义思潮中的合理成分，推进科学解读马克思经典文本。科恩十分明确地反对僵化的教条主义和"胡说的"主观主义，拒绝纯粹意义阐发式的理论说教或者价值呼喊，而是坚持科学分析的务实态度，以科学的方法论深入扎实地做好证明的"无用功"，为观点提供坚实可靠的逻辑性证明。这种态度以及有关的分析方法，正是我们急需借鉴和学习的重要方面。其二，有助于打开分析的马克思主义专题研究之门。科恩是分析的马克思主义者的最重要代表，而科恩历史哲学又是其整个学术思想的发源地和根基。可以说，研究分析的马克思主义就不能不先研究科恩；而研究科恩，就不能不先研究科恩的历史哲学。其三，它有助于进一步加深对历史唯物主义的理论研究。马克思本人就主张借鉴人类文明的一切优秀成果，根据实践的发展不断创新原有的理论。科恩的历史哲学正是这样的资源，加强对其研究，有助于启发我们对历史唯物主义的深入探讨，有助于推进马克思主义研究的理论创新。

六、主要内容

科恩历史哲学以重新阐释历史唯物主义的基本概念和基本命题为主线，提出了许多新的东西，例如"发展命题""首要性命题""合法性问题"和功能解释等，这些都极大地动摇和改变了人们对唯物史观的传统观念，开拓了一条研究历史唯物主义的非常有影响的新路径。科恩历史哲学在国外学术界引起了极大的反响，掀起了研究马克思历史唯物主义的新一轮热潮，即使到政治哲学研究大张旗鼓的今天，这个研究热潮仍未过去。

科恩历史哲学坚持历史唯物主义的科学性和革命性。说其坚持科学性，在于其以现代哲学和现代社会科学方法论重新诠释和发展历史唯物主义的基本思想，是以科学标准自我严格要求的一种尝试；说其坚持革命性，在于其鲜明的态度，反对"胡说的马克思主义"和教条的马克思主义，坚持真正承继马克思主义的批判精神，以活生生的现实实践为理论的生长点。同时，科恩的历史哲学实质上又是科学理性和价值辩护的结合，其前期工作基本上是清理马克思主义的理论遗产，夯实马克思主义的理论根基，而这个工作是以科学理性为标准和方法论的；做好这个根基性工作或者说这个根基性工作基本完成之后，科恩就开始面对更为直接和更为紧迫的现实问题，对科学社会主义的规范命题进行阐论，为社会主义的平等主义价值进行辩护，构建当代的社会主义理论。

本书以科恩历史哲学为主题，阐述科恩与分析的马克思主义之间的关联，科恩历史哲学的方法论、基本概念和基本命题以及功能解释等有关问题，并在阐述的过程中对科恩历史哲学进行适度批判，尝试提出我们的观点：只有掌握科恩历史哲学的新方法、新成果，才能坚实历史唯物主义的根基；只有将分析和综合结合起来，才能全面而深刻地理解历史唯物主义；只有揭示历史唯物主义的生存论意义，才能洞穿近代形而上学思维制式的幻相。同时，需要说明的是，在本书的思考和撰写过程中，"暗结构"是前面第一部分中所说的"一个中心、六个基本问题"，更深层的关怀其实是三个问题，即科学与人性（关于确定性的追求）、经济与历史（关于人类社会的发展规律）、自由与平等（关于社会发展的目标）的均衡问题，所有的阐说都是对这三个问题的思考和探究。

本书的主体内容包括六章，前两章在分析的马克思主义大背景中论述科恩的学术渊源和方法论，后四章详细讨论科恩历史哲学的主要内容。第一章写科恩历史哲学的学术背景，主要阐述科恩与分析的马克思主义、"九月小组"之间的内在关联。以科恩为旗手的分析的马克思主义者是一批具备"主流方法论"分析技术和对马克思主义"政治承诺"双重特征的学者，在科恩等人的召集下有了"九月小组"，他们的研究是对马克思理论模糊问题和时代危机问题的一种积极回应，至于"分析的马克思主义"这个标签则是一个内涵丰富的名称。第二章论述分析的马克思主义的方法论及其主要特征。在"主流方法论"中尤其比较详细地阐述了分析哲学的分析技术（逻辑分析与语言分析的方法）的四种具体类型；

在论述分析的马克思主义之主要特征方面,我们对现行的三种主要观点进行了一一考察,尝试提出一种包容三者的特征描述。第三章通过分析"双重属性"和"隶属关系"这两个概念,给出了生产力和生产关系的精确定义,分析了它们各自的构成要素,并指出在这些方面分析的马克思主义者与传统马克思主义者之间的分歧所在。第四章比较详细地论述科恩历史哲学的两个基本命题:"发展命题"和"首要性命题",分析这两个基本命题的含义,论证其成立的文本根据和逻辑依据,并对这种解读方式进行生存论意义上的反思和批判。第五章处理由于"上层建筑"的概念划分引发的"合法性问题",以及随之产生的"解释方向问题"和"解释不适用性问题",并论述经济基础在何种意义上决定上层建筑。在这一章中,通过界定上层建筑的外延范围,解决"合法性问题"等一系列问题,并通过具体分析生产关系对财产关系的解释情况,最后得出结论:经济基础是在功能解释的意义上决定上层建筑。第六章讨论功能解释理论及其运用于唯物史观的方式。在考察科恩如何把唯物史观理解成一种功能解释之后,对分析的马克思主义本身的归属问题做出反思和批判:分析的马克思主义是马克思主义吗?最后,在结语中对本书的主要观点做出简要总结。

第一章 "信仰而不奉承"

> 马克思是一位不知疲倦并有创造性的思想家,他在很多方面都发展出丰富的思想。但他没有时间,或不打算,或没有书斋的宁静,来把这些思想全部整理出来。因此,对马克思的主要思想提供一种比马克思本人所提供的更少杂乱的表述并不是一种僭妄的主张。
>
> ——[英]G. A. 科恩

从资本主义①诞生之日起,马克思历史哲学就已在场,只是在经济危机和后经济危机时代,其显得尤为迫切和重要。

如何科学地看待马克思历史哲学,如何将其上升到一个纯粹哲学的"高度"以实现当代马克思的哲学在场,在这些方面有一个人的贡献不容忽视,这个人就是 G. A. 科恩(Gerald Allan Cohen,1941—2009)。科恩在生前已被国际学界尊奉为分析的马克思主义的旗手、分析的马克思主义的主要创始人、"社会主义平等主义的良心"。现在,国内关于他的政治哲学思想的研究正在掀起一股热潮,那么,时下研究他早期的历史哲学思想还有意义吗?有!因为科恩历史哲学不仅是其最早的学术发源地,也是其后期政治哲学生态的秘密所在地。正是基于此,科恩历史哲学研究在国外学界一直是研究的一个热点问题。

本章将从分析的马克思主义的历史背景入手,考察科恩、分析的马克思主义和"九月小组"三者之间的脉络关系。

---

① 这里的"资本主义"概念属于生产关系的范畴,而不单单是一种政治制度。

第一节　科恩如何成为一个分析的马克思主义者？

一、分析的马克思主义的历史背景

　　传统的分析路径认为，任何一个流派或者思潮的出现，都是时代要求和理论准备相结合的产物。似乎只要时代的生活实践有了这样的要求，理论的内在发展到了这一地步，并且现实的条件具备了，一个新的思想或者思想方式自然就会产生了，而剩余的问题只是这个代表人物是张三还是李四的符号区别而已。这样的思考路径，如果从宏观的背景上说，从"人是社会关系的产物"这个命题来说，似乎无可厚非，并没有什么大错误；但是，这样论证的一个最大的错误就是容易把人看成历史的玩偶，人成为并非自己主人的存在物，历史有其自在演绎的内在理性，而人类（自然包括平民和帝王）只不过是应运而生的填充物。反过来说，如果在考虑宏观背景时能注意到历史只是人类活动本身的历史，那么这个分析框架也没有什么不对；但是，如果忘记了这一点，历史实质上就被理解成"绝对精神"的自我展开。

　　基于这样的前提，我们先从第一个路径出发，谈谈分析的马克思主义的时代遭遇和马克思主义理论发展的内在要求。

　　如果把1848年《共产党宣言》的发表作为马克思主义诞生的标志，把1978年《马克思的历史理论：一个辩护》的出版作为分析的马克思主义诞生的标志，那么从经典马克思主义到分析的马克思主义就走过整整130年。在这130年里，无论是时代变迁还是理论要求都发生了巨大的变化。

　　在19世纪乃至20世纪上半叶，马克思主义主要是作为一种革命斗争的理论和哲学武器。马克思主义作为起源于西欧社会历史的现实背景下的对资本主义进行内在批判并寻求可替代性方案的一种思想理论，从产生之日起,就一直是在与自由主义、教条主义、主观主义以及其他各种非马克思主义思潮的斗争中前进的。这个(与现实问题和其他思潮)斗争的双重历程,其实也就是马克思主义随着现实条件变化而不断发展自己的历史。随着理论的"西学东渐"和革命建设实践的需要,马克思主义在世界一些地方有了不同的具体形态,诸如苏俄的马克思主义(列宁主义、斯大林主义)和中国的马克思主义(毛泽东思想、邓小平理论、中国特色社会主义理论等)。从总体情况来说,马克思主义一直是在东方和西方两个空间中发展着。20世纪20年代由卢卡奇和葛兰西所引发的中欧和西欧的思想界重新诠释马克思主义的思潮,被称为西方马克思主义,这股思潮历经沧桑,在70年代中期走向衰落。而70年代后期整个资本主义世界经济危机和社会危机的严重状况,使马克思主义再次走到舞台中央,成为分析资本主义内在问题的一个理论选择。因此,这时候英美大学内的学院派马克思主义研究开始出现热潮,这个热潮即使在苏东剧变之后也没有下降,反而呈上升之势头。"马克思主义的幽灵"真是在世界游荡,显现出"东方不亮西方亮"之态势,伴随资本主义经济的全球化而实现理论武器的全球化。这个继"西方马克思主义"衰落而出现的新兴事物,有学者称之为"新马克思主义",分析的马克思主义就是这样的一个学院派的马克思主义思潮。它既不同于19世纪的经典马克思主义,也不同于20世纪的"西方马克思主义"和制度社会主义,而是一种新的历史条件下的马克思主义形态。概而言之,正是在衰落的"西方马克思主义"无力解释资本主义世界新出现的各种危机的情况下,新的马克思主义——其中一种是分析的马克思主义——就登场了。

前分析的马克思主义基本思想和基本理论为了"改变世界",应对瞬息万变的革命和建设形势,必然强调辩证式的理解和整体性的把握,这种取向自然容易使其理论存在许多含混、不严谨甚至自相矛盾之处。这是分析的马克思主义产生的理论原由,正如有学者指出的那样,"'传统的马克思主义'者在研读、解释马克思的经典文本时所持的那种粗疏的、肤浅的、浮躁的作风。正是这种作风使得马克思的基本思想长期以来处于被曲解,甚至被遮蔽的状态之下"①。就分析的马克思主义产生前的西方马克思主义而言,阿尔都塞的结构主义充满了模糊性,那种瑜伽式的论述充满玄思晦涩。而这时,也就是20世纪60年代,以法国巴黎的"五月风暴"而著称的群众性政治运动遍及欧美发达资本主义国家,"左派"学院在西欧和北美的大学里开始受到人们的热情关注,尽管马克思主义很少在大学院系中占据主导地位,但是学院的学者和热血青年还是已经开始形成与政治运动相分离的从事学术研究的"左派"学术团体,马克思主义在哲学、经济学、政治学、社会学、教育学、历史学等学科领域带来了不可忽视的影响。而分析的马克思主义的主要代表人物大都出生在20世纪40年代,例如,科恩生于1941年,罗默生于1945年,埃尔斯特生于1940年,肖生于1948年,他们的受教育时间主要是20世纪60年代这个分析哲学和社会科学主流方法论盛行的时期,这样一来,70年代由他们书写的分析的马克思主义代表作就问世了。也就是说,分析的马克思主义者们在青年时代都已经接受了马克思主义思想和"主流方法论"两方面的熏陶;同时,西方的经济社会结构发生着深刻的变化,尤其是中产阶级的形成,使原来的阶级结构发生了变化,这个变化需要新理论的总结和概括。人们要进行思考,就要求厘清马克思主义的基本思想到底是什么,从而开始了一个奠基性的清理工作。

如果说"模糊描述"是前分析的马克思主义理论的总体特征,那么分析的马克思主义要克服这一缺陷,就必须有相应的技术准备。在这里,主要有两类分析技术,即分析哲学的分析技术和社会科学的分析技术。在本书中,我们把它们合称为"主流方法论"。一个通常的看法是,分析哲学的分析技术加马克思主义的有关基本理论(主要是历史唯物主义)就形成了分析的马克思主义的哲学部分,社会科学的分析技术加马克思主义的有关基本理论(主要是剥削、阶级、自由和平等等理论)就形成了

---

① 俞吾金、陈学明:《国外马克思主义哲学流派新编·西方马克思主义卷》(下册),复旦大学出版社,2002年,第505页。

分析的马克思主义的经济学和政治学部分。即使笼统地说，这种说法也不正确。举例来说，分析的马克思主义哲学不是分析哲学和历史唯物主义的简单叠加，这个说法过于机械或者"宏观"，会掩盖分析的马克思主义的创新性价值。同时，各种分析技术从来没有和不同的研究主题严格对应过，我们可以看到科恩在后期转向政治哲学研究之后又娴熟地运用分析哲学的分析技术和社会科学的分析技术对罗尔斯(John Rawls)的正义理论做出一个全面而彻底的批判[1]，而罗默在近期又综合运用两种分析技术深入讨论全球气候变化问题[2]。

二、科恩的分析的马克思主义者之路

如果说上面我们对分析的马克思主义出场背景的描述是宏大叙事式的扫描，那么下面我们将以微观叙事的方式管窥分析的马克思主义是怎么产生的。本书的主题是科恩历史哲学，因此，我们自然地选择科恩为样本，来看看科恩是如何从一个经典马克思主义的信奉者成长为一个分析的马克思主义者。

科恩对自己是如何成长为一个分析的马克思主义者在《卡尔·马克思的历史理论：一个辩护》2000年增补版中有一个比较详细的介绍[3]，从科恩的成长经历我们可以管窥出其他分析的马克思主义者的成长之途。虽然他不能替代其他分析的马克思主义者个人成长之经历，但他仍是一个非常有意义的案例。科恩在文中比较客观地描述了自己的时代遭遇和学术背景，尤其是转变的经过，这可以为我们提供一个样本，以更多地理解以科恩为旗手的分析的马克思主义者成长的"微观基础和微观

---

[1] 参见[英]G. A. 科恩：《拯救正义与平等》，陈伟译，复旦大学出版社，2014年
[2] 参见 Humberto Llavador, John E. Roemer, and Joaquim Silvestre, *Sustainability for A Warming Planet*, Harvard University Press, 2015。
[3] 参见 G. A. Cohen, *Karl Marx's Theory of Historical：A Defence*, Princeton University Press, 2000, pp. xx - xxii。

机制"。

科恩(Gerald Allan Cohen)于1941年4月14日出生在加拿大蒙特利尔,父母都是犹太人,在犹太人开设的共产主义工厂里工作,父亲是当地工会的积极分子,母亲是共产党员。在科恩4岁的时候,他的父母送他到一所犹太人共产主义组织开办的学校(Morris Winchewsky Yiddish School)里读书。在这所学校里,科恩连续学习7年,直到犹太人共产主义组织和学校都遭到了魁北克省警察局的"红队"的袭击,使得学校不可能继续下去。但是,当时麦卡锡主义的迫害活动给科恩留下了深刻的恐惧印象。正是独特的家庭环境和学校教育,以及社会的反共产主义运动,使年幼的科恩喜欢上并开始产生对马克思主义和共产主义的信仰。一个基本的历史事实是:自发的信仰鼓舞他阅读了许多马克思主义的经典著作。

在17岁时,尚在读大学的科恩便开始确信恩格斯的《反杜林论》中包含了所有存在的重要哲学真理,并且开始分析它的局限性。通过和它的社会、历史部分相比较,科恩认为《反杜林论》的哲学部分是幼稚的。但是,对科恩而言,从那时产生的对历史唯物主义的信奉,是非常持久的,并且他始终打算竭尽全力去阐释和辩护它。直到1978年他的论著《卡尔·马克思的历史理论:一个辩护》(第一版)出版,才实现他的夙愿。在他实现这个夙愿的奋斗历程中,牛津大学是他人生中的转折点,也是他的学术思想的发源地。

1961年,科恩从麦吉利大学(McGill University)转到牛津大学读书。在牛津大学,他在吉尔伯特·赖尔(Gilbert Ryle)教授的指导下,系统地学习了英国分析哲学。而在20世纪60年代,几乎所有拥有政治承诺的学生都敌视那个哲学,把分析哲学看作是资产阶级的,或者无足轻重的,或者两者兼有。但是,科恩不同于当时的很多同学,因为他在到达牛津大学之前就已经埋头于马克思主义,并且有了自己的政治承诺,所以虽然他也很失望,并且明白分析哲学是资产阶级的,或者至少不是反资产阶级的,但是他并没有产生反感,因为他的心中还装着马克思主义。

第一章 "信仰而不奉承"

至于他是否装着一个用逻辑和语言的分析技术来处理历史唯物主义命题的想法,就不清楚了,他本人也从没有清楚地解释过这一点。但是,从后来的事情,也就是从1966—1967学年在伦敦大学的一个哲学小组上所发生的事情(很快就会谈到)来看,科恩当时应该没有那个想法。1963年科恩离开牛津,到伦敦大学学院哲学系任教,那时候他只是一个分析的爱好者,还不是一个"自信的分析技术应用者"。20世纪60年代晚期发生的两件事情促成了这一转变。

其中一件事情是:阿尔都塞的含混表达令人困惑。那时,科恩像其他英国年轻的学院马克思主义者一样,被阿尔都塞的研究深深吸引,1968年,他仔细地研究了《保卫马克思》和《阅读〈资本论〉》的最初两卷本。但是,科恩发现阿尔都塞"对概念严格性的价值的重申断言不能与其理性实践上的概念严格性相比",他认为尽管阿尔都塞者们产生的思想是令人兴奋而有启发性的,但是,他们的表达和论证是有严重逻辑问题的。例如,有时候,一个论题似乎正好能有两个解释,一个使它们都非常明显地真,另一个使它们都非常明显地假。这些让受过良好分析哲学教育的科恩对当时含混不清的哲学思想产生困惑。

历史往往需要直接的推动力。20世纪60年代晚期发生的另外一件事情:一个教授的评论给科恩以很大的打击并深深地印入他的脑海之中,最终把他推上分析之路。当时,科恩正在写一篇并不非常具有分析性的论文,标题是"资产阶级和无产阶级",是对《神圣家族》中一篇文章的反思。在那篇文章中,马克思说,像无产阶级一样,资产阶级是异化的;反之,如果他们不像无产阶级一样,他们就会享受他们的异化并在其中发现他们的力量。在1966—1967学年期间的某个时间,在伦敦大学的一个哲学小组科恩读了他的那篇论文。科恩在论文中通过评论马克思在《1844年经济学-哲学手稿》中关于货币力量所说的一些话,提出自己的观点:按照马克思的观点,富裕的资本家的情妇并不是因为他的金钱而爱他;相反,她爱的是金钱本身。当时,美国哲学家艾萨克·利瓦伊(Isaac Levi)恰在听众席上。利瓦伊想要确切地知道那是什么意思,一个人应该怎样来断定它是否是真的：准确地说，仅仅因为他们的金钱而爱某人和爱金钱本身的区别是什么？这一提问令科恩很尴尬，因为这两个命题本身没有什么不同。利瓦伊一个平常的提问产生出一个积极的后果，即科恩开始停止至少是部分停止了以诗人的风格写作。诗人写下对他听起来是好的东西而不需要为他的诗句（无论它们能否引起读者的共鸣）进行辩护，而哲学家必须为他写下的东西进行严格的论证。后来，科恩在写作的时候，就经常问自己这样的问题：准确地说，这个句子对正在进行的阐释或者论证起什么作用？它是真的吗？他认为，当一个人实践那种常常痛苦的自我批判的时候，他就成为分析的。

经过这两件事情的洗礼之后，科恩开始充满热情地并尽其所能地运用所学习到的分析哲学的分析技术对历史唯物主义的核心主张进行澄清和辩护。这样，一个分析的马克思主义者实际上于20世纪60年代晚期就诞生了，而他的成名则是在1978年《卡尔·马克思的历史理论：一个辩护》的出版之后。

三、"政治承诺"：分析的马克思主义的生命所在

前面我们以科恩为样本，介绍了分析的马克思主义者产生的历史过程。其实，分析的马克思主义者每个人都有一段独特的成长历史，在他们的不同的生活和学术经历中，有一点是共同的，那就是：每个人都学习过分析技术，它或者是分析哲学的分析技术，或者是社会科学的分析技术；并且，他们中的大多数人对马克思主义的核心价值有一种坚定的信仰。譬如说，罗默生长在一个政治活跃的家庭之中，他的父母都赞成苏联、拥护人民共和，这对罗默孩提时代乃至一生的政治信仰的影响都非常深远；埃尔斯特的背景虽然不是共产主义，但是他参加过挪威的左派社会主义运动，这个运动表现出对马克思主义的友好和坚定态度，因而对埃尔斯特自然也产生了政治信仰上的影响。因此，可以说，分析的马克思主义的主要代表人物在其学术研究和"主流方法论"实现结合之前，

都已经对马克思主义或者在性质上接近马克思主义的事物有了一个政治承诺,即构建当代的社会主义理论,为社会主义价值进行有力的辩护。

构建当代的社会主义理论,首先就要重新分析马克思经典理论。为什么要这样做?科恩给出一个理由:"马克思是一位不知疲倦并有创造性的思想家,他在很多方面都发展出丰富的思想。但他没有时间,或不打算,或没有书斋的宁静,来把这些思想全部整理出来。所以,对马克思的主要思想提供一种比马克思本人所提供的更少杂乱的表述就不是一种僭妄的主张。"[1]可见,分析的马克思主义者要做的事情就是承继马克思的事业,把马克思没有时间或者没有条件或者不打算整理的思想给整理出来,并且是以严格而清晰的方式整理出来。这就是他们的"政治承诺"。

如果没有"政治承诺",那么即使这些学者有分析方法论上的专长,恐怕也不可能出现分析的马克思主义者,也许出现的是其他方面的"分析的……者"。对于分析的马克思主义者来说,正是因为有一个政治承诺才促使他们走上分析的马克思主义者之路。可以说,政治承诺是分析的马克思主义的生命所在,分析方法论只是完成这一政治承诺的工具,而无论他们对这一工具的科学性要求有多高。关于这一点,科恩明确承认:"社会主义和平等主义的信仰对我本人的生命的影响是相当重大的。"[2]这表明,对于科恩而言,"政治承诺"是他的精神生命所在,他把自己的一生都投入其中;"政治承诺"是他的历史哲学的前提,它要求他去搞清楚马克思历史理论的清晰模样;"政治承诺"是他的整个学术研究的原动力,它激励他一路从历史哲学走向政治哲学。

进一步来分析,这个"政治承诺"除了包含在学术上要构建当代的社会主义理论之外,还包括在意识形态上对马克思主义和社会主义持一种

---

[1] G. A. Cohen, *Karl Marx's Theory of Historical: A Defence*, p. iv.
[2] G. A. Cohen, *If You're an Egalitarian, How Come You're So Rich?*, Harvard University Press, 2000, p. x.

"信仰而不奉承"的精神取向,这是分析方法论学者对待真理的一种态度,其中包含批判性思维的精神,坚持科学探究,反对盲目崇拜。从经典马克思主义到分析的马克思主义,分析的马克思主义者们所秉承的就是一种对马克思主义和社会主义的科学态度:信仰但不奉承。社会主义和马克思主义都不是放在经楼上的宗教经典,而是社会实践变化的思想总结。分析的马克思主义者不认为马克思主义的经典文本中没有错误和缺陷,相反,他们认为马克思主义的经典文本中不但有错误和缺陷,甚至有的理论因为已经过时而需要被抛弃。因为这样的立场,所以分析的马克思主义者反对和批驳其他人对待马克思主义的教条主义的态度和行为,尤其驳斥"胡说的马克思主义",因为"胡说的马克思主义"是最远离科学标准的对马克思主义的主观任意解释,它没有立场,连教条主义都不如,教条主义还是有自己坚定立场的。如果暂且不论分析的马克思主义者的每一个具体的主张是否正确,单就他们的政治承诺而言,则是一种正确的学术研究态度。

第二节 "九月小组"与分析的马克思主义

如果以 1970 年科恩发表的论文《对历史唯物主义的一些批判》作为分析的马克思主义的开始,并且以 1986 年罗默编辑的《分析的马克思主义》论文集的出版作为分析的马克思主义的兴起标志,那么分析的马克思主义从开始到兴起只不过 16 年;而如果改一个条件,以通常认为的 1978 年科恩的代表作《卡尔·马克思的历史理论:一个辩护》的出版为分析的马克思主义的开始,那么分析的马克思主义从开始到兴起只不过 8 年时间。为什么分析的马克思主义发展如此迅速,并且迄今仍是国外最有影响的马克思主义研究思潮之一呢?其中,一个重要的"组织保证"就是"九月小组"。

可以说,正是"九月小组"为分析的马克思主义者提供了学术交流的平台以及发展和传播他们理论的"组织保证",而分析的马克思主义则为"九月小组"提供了理论的凝聚力。这样,如实描述"九月小组"的创办形成过程就成为研究分析的马克思主义的一个必不可少的考证学任务,这也是研究科恩学术思想的重要方面,因为科恩从39岁作为发起者之一创建"九月小组"到2009年他68岁去世,几近30年,他的学术生涯和"九月小组"紧密地联系在一起。

一、"九月小组":一个考证

关于"九月小组"的诞生和发展过程,科恩作为创建者之一写过一篇短文进行专门的陈述。这篇文章经过埃尔斯特的阅读和修改,但是没有全文公开发表①,这可以看作是他们两个人——"九月小组"的创建者——对这个历史事件的共同陈述;另外,在《卡尔·马克思的历史理论:一个辩护》2000年增补版的介绍中他比较简略地谈论了"九月小组"的诞生经过。我们对"九月小组"的考证主要以这两篇文章为文本依据。

"九月小组"的起源需要追溯到1978年,有意思的是,这一年对我们中国人来说非常熟悉而重要,因为在这一年中国共产党召开了历史上重要的十一届三中全会,开始了带给中国以至世界巨大变化的改革开放事业;正是在这一年,马克思主义的理论研究发生着巨大而引人注目的变化,一个新的研究路径开始引起学界的注意。那一年,科恩出版《卡尔·马克思的历史理论:一个辩护》,肖出版《马克思的历史理论》,埃尔斯特出版《逻辑和社会》②,这三部重要著作在同一年出版,它们奠定了分析的马克思主义的出场路径:以分析方法重新解读马克思主义。但是,在

---

① G. A. Cohen, "On the Birth of the September Group", not published, 2004.
② G. A. Cohen, *Karl Marx's Theory of Historical: A Defence*, Princeton University Press, 1978; William H. Shaw, *Marx's Theory of History*, Stanford University Press, 1978; Jon Elster, *Logic and Society: Contradictions and Possible Worlds*, John Wiley & Sons Ltd., 1978.

1978年之前,科恩和埃尔斯特并不认识。在那一年,当埃尔斯特阅读科恩的《卡尔·马克思的历史理论:一个辩护》的时候,科恩正在阅读埃尔斯特提交给剑桥大学出版社的一本关于马克思理论的打印稿,在两个不同的物理空间中的两位学者惊喜地发现他们在学术上拥有着同一空间:都主张以不妥协的分析方法来探讨马克思主义,都不相信存在一种特别的马克思主义方法(即辩证法)。他们主张通过分析,使论证的前提和结论不但清楚而且都能够经受得起严格的检验。他们认为自己发现了当时大多数马克思主义研究的专业人员还没有运用或者没有能力运用的研究路径。

在发现了相同志趣的惊喜热情下,埃尔斯特主动联系科恩,在1978—1979学年的一个时间里,埃尔斯特和科恩在英国伦敦科恩的房子里会面了。他们俩在一起主要研究了剥削概念,同时埃尔斯特注意到在英国、法国、比利时和荷兰也有十多个学者正在研究剥削问题。在埃尔斯特的提议下,1979年9月的一个周末,在科恩当时任教的伦敦大学学院哲学系召开了一个会议。当时,大约有12个马克思主义者或者至少是左翼的学者参加了会议,学术讨论的结果是发现大家志趣相投,于是1980年9月大致相同的会议再次在伦敦进行。这两次会议的主题都是围绕剥削进行的。在1980年9月会议结束的时候,小组决定每年举行一次,但是讨论的主题不再局限于剥削领域,而是主张以一种分析的风格一般地从事马克思主义的理论研究工作。就这样,正式的"九月小组"于1981年9月在伦敦诞生了。

在1981年"九月小组"的第一次正式会议上,科恩就建议称呼小组为"非胡说的马克思主义小组"(the non-bullshit Marxism group),并且该提议获得了非正式的通过。科恩认为这个富于战斗性的名称可以表达他们对大多数的马克思主义的看法:大多数马克思主义是在缺乏完全理性真诚的情况下被实践着,同时给(传统)马克思主义加上了一个教条主义的尾巴,并且他们在面临挑战时就退却到含糊晦涩的怯懦立场上。"九月小组"明确而坚决地主张清楚地表达学术观点,这既意味着坚持分析的方法,又意味着随时对自己的论证进行"必要的修正和现代化"。

关于"分析的马克思主义"这个特定的称呼,则是埃尔斯特1981年第一次公开使用的,那是他在芝加哥大学开设的一门课程的名称。1986年罗默编辑的《分析的马克思主义》出版后,这个团体就以"分析的马克思主义小组"为公众所知,但是它也被称作"九月小组";并且,在不特别公开的场合,他们也被称作"非胡说的马克思主义小组"。有意思的是,科恩还一直保存着"九月小组"的徽标,徽标以"拒绝胡扯"的卡通形象表达小组拒绝胡说的立场,只是不清楚设计专门的徽标是为了好奇有趣还是为了表示他们小组的严肃性。

从1981年以后,小组成员基本固定,他们是普拉那布·巴德翰、塞缪尔·鲍勒斯、罗伯特·勃伦纳、G. A. 科恩、乔舒亚·科恩、菲力普·范·帕里斯、约翰·罗默、希勒尔·斯泰纳、罗伯特·范·德维恩、埃里克·赖特、约·埃尔斯特和亚当·普泽沃斯基①。但是,在1993年,约·埃尔斯特和亚当·普泽沃斯基两个人离开了"九月小组",他们离开时的理由是对小组发展出来的学术特征不满意,但是其他的人认为他们的离去和欧洲共产主义的终结即苏东剧变有很大的关系。

在2009年科恩去世之前,"九月小组"坚持每年召开一次会议,这个学术平台的效用也一直发挥着。会议地点通常是在伦敦,但是1982年在巴黎,1991年在芝加哥,1996年在纽约,1998年在剑桥(马萨诸塞州),1999年后则通常是在牛津大学。在会议上,一般是每次两三个人介绍自己的最近学术研究论文,然后大家围绕论文展开讨论,可以说,这实际上是一个长期坚持的高层次国际学术沙龙。现在,随着时代的变化,"九月小组"成员的兴趣已经有很大的分歧,主题范围比较灵活,主要集中在当代社会现实中的问题,比如:第三世界问题、国家帮助儿童的责任问题、

---

① Pranab Bardhan (Berkeley), Samuel Bowles (Amherst), Robert Brenner (Los Angeles), G. A. Cohen (Oxford), Joshua Cohen (Cambridge, Mass), Philippe van Parijs (Louvain-la Neuve), John Roemer (Yale), Hillel Steiner (Manchester), Robert Van der Veen (Amsterdam), Erik Wright (Madison), Jon Elster and Adam Przeworski.

平等问题、分配公正问题和恐怖主义问题等。慢慢地,"九月小组"就已经只是一个代号,甚至有时候小组会议的召开不是在九月份,比如,2006年小组会议是在4月份召开的。

2009年科恩去世之后,罗默成为"九月小组"小组的领导核心,小组仍然坚持(基本上)每年聚会一次。但是,不知从何时起,"九月小组"成员中很少有人还称呼自己是马克思主义者,他们称呼自己是社会主义的平等主义者(socialist egalitarian)[①]。在他们看来,马克思是一个19世纪的社会科学家,尽管他们赞同马克思理论中的许多方面,但是,在实质的部分,他们对马克思有不赞同之处。例如,现在发达的资本主义民主国家,福利状态已经发展到马克思很难想得到的程度,马克思没有预料到资本主义有如此大的变化。历史已经说明,资本主义具有很强的可变通性(flexibility),远远超过马克思看起来能够相信的程度。罗默认为,一个极其重要的议题是,市场对于切实可行的社会主义(feasible socialism)是不可或缺的,但是马克思在这个议题上从未有过清晰的论述。因此,分析的马克思主义者要就此做出他们的贡献。

"九月小组"作为一个松散但有着特别意义和作用的学术"团体",无疑会引发我们的很多思考。其一,"九月小组"是一个"团体",甚或称为一个"学派"(school),但它不是一个严密的组织团体,不似法兰克福学派那样有共同的学术理念,它是一个松散的但定期召开的自治性内部论坛。在这个团体的成员之间,一个主要的共同之处是运用现代西方主流的哲学社会科学方法论。对于马克思理论的表述,尽管他们都信奉社会主义的价值,但是在理解和论述上他们是各表一枝,彼此之间甚至常常发生激烈的争论。其二,"九月小组"充分发挥着交流和对话的平台作用,它极大地推动分析的马克思主义研究工作的深入进行,增强了分析的马克思主义在国际学界的影响力。通过"九月小组"使"志同道合"的学者定期聚集一起,坐而论道,气氛宽松,他们运用各自手上的"奥卡姆

[①] 来自笔者与约翰·罗默的私人通信,2015年12月19日。

剃刀"推动分析的马克思主义研究的不断发展。迄今三十多年来,"九月小组"定期召开,持之以恒,作为一个不是"正式学术组织"的自由学术团体,这在国际学界是一种非常少见的景象,它体现出一种符合学术研究规律的创造性机制,它本身就是一个值得关注和研究的学术现象。

二、分析的马克思主义是什么?

20世纪80年代,以"九月小组"成员为主体开创的工作受到国际学术界的高度重视,引起学术界的热烈讨论。那么,他们的工作应该称作什么名称呢？当时,学者们从不同的视角给出不同的回答,真有点儿仁者见仁、智者见智的味道。究其根源,在于"九月小组"成员彼此之间"在研究路径、研究方法、研究内容等方面都有很大不同"。这样,从不同的根据出发,他们的工作就有了不同的称谓,比如:"分析的马克思主义""博弈论马克思主义""新古典马克思主义""理性选择的马克思主义"[1]等,我国也有学者称之为"分析学派马克思主义""分析马克思主义学派""分析的马克思主义学派""分析派马克思主义"等,不一而足。如果从语言哲学的角度来说,这些名称(语词)虽然不尽相同,但都指称同一个事物对象,也就是说这些概念的外延相同,正像昏星和晨星这两个不同的专名指称同一个对象一样。

问题分析到这里,剩余的就是一个正名问题,因为"名正"才能"言顺"。我们知道,1981年埃尔斯特在芝加哥大学以"分析的马克思主义"作为课程名称后,1986年罗默以"分析的马克思主义"为书名编辑当时"九月小组"一些成员(另加上伍德)的代表性论文,赖特也坚持"分析的马克思主义"称谓,他的一本书[2]中有一章就以"什么是分析的马克思主

---

[1] [加]罗伯特·韦尔、凯·尼尔森:《分析马克思主义新论》,鲁克俭等译,中国人民大学出版社,2002年,第2页。

[2] E. O. Wright, *Interrogating Inequality*: *Essays on Class Analysis*, *Socialism and Marxism*, Verso, 1994, p. 178.

义"为标题。虽然科恩最初建议称呼他们所从事的马克思主义事业为"非胡说的马克思主义",但他也接受"分析的马克思主义"这个称谓,从他的作品中可以证明这一点①。至于其他的名称,或者是说了"九月小组"中部分成员的工作甚至部分成员工作的部分方面,比如:博弈论马克思主义、新古典马克思主义、理性选择的马克思主义等,或者是不够准确,比如,如果称呼分析的马克思主义为"学派",一则分析的马克思主义本身不具备一个学派的基本要求,例如,比较严密的团体、基本一致的学术主张等,除非我们削足适履,更改"学派"这个概念的内涵和外延。况且,科恩本人明确表示他们的前期工作可称作学派,但后期就不可以了②。同时,现在国外的学术界也一般称之为"分析的马克思主义"(analytical Marxism)。基于以上考虑,我们认为,"分析的马克思主义"这个名称最适合于称呼以"九月小组"成员为主体开创的马克思主义研究事业。

既然我们称之为"分析的马克思主义",那么"分析的马克思主义"又是什么呢?可以说,这是一个内涵非常丰富的概念。分析的马克思主义是一种研究路径或者研究方法,也指一个松散的学术研究团体,还是一种研究的思潮或现象。如果一定要定性的话,那是非常困难的,就像社会主义这个概念一样,它是一个含义承载过多的概念,任何一个规定都是一种相对其存在本身而言的片面解释,很难反映事物本身的全貌。当然,不能说因此而不给任何事物以定位,那样的话,世界就会一片混沌。为了看清楚分析的马克思主义是什么,我们从不同的角度来进行论述。

1. 分析的马克思主义是一种研究方法,或者说是一种研究路径

根据我们掌握的文献资料,最早的分析的马克思主义作品出自具有

---

① 参见 G. A. Cohen, *Karl Marx's Theory of Historical: A Defence*, p. xvii.
② [美]G. A. 科恩:《对分析的马克思主义的反思》,陈伟译,《复旦哲学评论》第 3 辑,上海人民出版社,2006 年,第 312 页。

分析传统的哲学家G. A. 科恩和艾伦·伍德之手。科恩和伍德最先运用分析哲学的方法对马克思主义进行"注释性和概念性的"解读,前者的论文是1970年发表的《对历史唯物主义的一些批判》[1],后者的论文是1972年发表的《马克思主义者对正义的批判》[2]。如果说渊源的话,就我们接触到的资料,这两篇论文是分析的马克思主义的最早文献。而这种研究路径成为一种有影响的方法,则以前面所提到的1978年科恩、肖和埃尔斯特的三部代表性著作为标志。可以说,分析的马克思主义肇始于有分析哲学传统并有社会主义承诺的哲学家,并继而在经济学家、政治学家、社会学家等学者那里获得广阔的市场。

至于说科恩和伍德是不是最早运用分析哲学的方法来研究马克思主义的哲学家,有学者给出反对的资料:"早在1956年,一个挂名为'语言分析马克思主义学派'就在波兰出现了。其代表人物是原东欧'异端'哲学家亚当·沙夫和W·科拉也夫斯基。波兰学派的出现,既反映深刻的历史渊源,也反映马克思主义研究的创新。波兰学派包含有两种思想倾向:一种是新实证主义和科学主义的倾向;另一种是阐述人道主义伦理的倾向。后来由于种种原因,上述第一种倾向发展不明显,而第二种倾向则发展成一个颇具影响的派别:波兰人道主义派。"[3]如果这一资料是真实的,那么就为这种马克思主义研究路径提供了更早的发端地,虽然还没有证据能够证明分析的马克思主义与波兰学派之间有直接的学术联系。

如果要问分析的马克思主义是什么?它的名称其实已经表明这是一种含有独特方法论路径的马克思主义,这一路径的表现是:强调细节、阐释的明晰性以及论证的严格性。这一风格与马克思主义研究的有效

---

[1] G. A. Cohen, "On Some Criticisms of Historical Materialism", in *Proceedings of the Aristotelian Society*, Supp. Vol. (1970), pp. 121 - 141.

[2] Allen Wood, "The Marxian Critique of Justice", in *Philosophy and Public Affairs* 1 (1972), pp. 244 - 282.

[3] 曾枝盛:《分析马克思主义学派的形而上学方法论》,《马克思主义研究》1997年第3期,第83页。

融合,产生出独特的英语圈马克思主义——分析马克思主义。分析马克思主义的核心技术即是其独特的方法论,正是这种方法论使分析马克思主义成其为一种不可忽视的现象。再者,分析的马克思主义对马克思主义的承诺远远没有对分析技术精确性的承诺来得坚定,对分析的马克思主义者来说,方法论是他们分析马克思主义基本命题的工具,是他们从事自己事业的逻辑前提。

再者,科恩认为分析的马克思主义的"主流方法论"不是短时间内就可以学就的方法论,而是需要"一个训练过程""一个学徒期"才能掌握的分析技术。对这一点,我们甚为赞同。以数理逻辑的分析技术为例,如果只学基础的逻辑理论、演算系统以及推演方法,一个学年就差不多能够基本掌握;但是,如果要真正掌握数理逻辑的分析技术并将之转化为一种思维方法,没有三五年的训练和熏陶是难以实现的。正是在这些意义上,我们说,分析的马克思主义首先是一种研究方法、一种研究路径。

2. 分析的马克思主义是一个松散的研究团体

分析的马克思主义是一个研究团体,至少是一个松散的研究团体,这一点没有太大争议,但是分析的马克思主义是不是一个学派却有很大的争议。在国内外有人主张为一个学派,如余文烈、罗默(早期)等人;也有学者持反对意见,如科恩(后期)、韦尔、段忠桥等人。那么分析的马克思主义到底能否被称为一个学派呢? 我们得听听科恩和罗默等人是怎么说的。2005 年 3 月,在牛津大学万灵学院科恩的办公室里,科恩明确对笔者说:"最初我们的'九月小组'是可以被称为分析学派的马克思主义,也就是说,它是一个学派,但后面就不可以了。至于具体的分界时间,我现在很难说清楚。"[①]这至少说明,"九月小组"在发展中发生了变化,早期的工作还是相对比较紧密的,后来则基本上是一个学术交流的

---

① 陈伟:《在马克思主义和分析哲学之间——访 G. A. 科恩教授》,《哲学动态》2007 年第 11 期,第 32—35 页。

平台，但仍然是一个在一定程度上引领分析的马克思主义发展的非常好的平台。

英国约克大学的亚历克斯·卡利尼科斯曾经指出，"无法认为分析的马克思主义者形成了一个由共同的学说联合而成的学派，因为他们的历史包含着重大的分歧。但是，尽管存在这些分歧，分析的马克思主义还是以应用分析哲学的技术方法和实证主义的技术方法而著称"①。这说明，分析的马克思主义是有共同之处，但不是在共同的学说上面，而是在共同的研究方法上面。

罗伯特·韦尔同样认为，"不存在分析马克思主义学派"，"甚至在哲学中，分析马克思主义也只是一个现象而非一个学派，或者最多只能说是一种风格独特的研究路径"②。虽然罗默曾指出，"分析的马克思主义学派诞生于 1978 年，标志是 G. A. 科恩的《卡尔·马克思的历史理论：一个辩护》和 J. 埃尔斯特的《逻辑和社会》这两本书的出版"③。但是，他主编的两本汇集分析的马克思主义学者作品的书的标题则是《分析的马克思主义》(1986)和《分析的马克思主义的基础》(1994)，这至少说明罗默在"分析的马克思主义是不是一个学派"的问题上是不深究的，或者说没有把重点放在这里，因为这只是一个发展史问题。所以，我们这里只强调分析的马克思主义是一个松散的研究团体。

需要强调的是，这个松散的学术研究团体有一定的组织性，成员比较固定，会议时间和地点也比较固定，这个团体又被称为"九月小组"或者"非胡说的马克思主义小组"。关于小组的形成过程，我们在前面已经做过比较详细的介绍，并指出，这个松散的研究团体看起来似乎不太重要，但是在分析的马克思主义成为国际学界中一种引人注目的乃至有影响力的研究现象的过程中，它有非常大的贡献。

---

① Alex Callinicos, *Marxist Theory*, Oxford University Press, 1989, p. 2.
② [加]罗伯特·韦尔、凯·尼尔森：《分析马克思主义新论》，鲁克俭等译，第 5 页。
③ John E. Roemer, *Foundations of Analytical Marxism*, Vol. Ⅰ, Edward Elgar Publishing Ltd., 1994, p. ix.

3. 分析的马克思主义是一种研究思潮或研究现象

分析的马克思主义是一种思潮,是一种于20世纪70—80年代出现在英美国家的马克思主义思潮。这是国内很多学者的一种表达方式,把分析的马克思主义定位为一种思潮,它就成为国外马克思主义诸多思潮之一种。那么,思潮是什么?顾名思义,思潮就是思想潮流,是思想之一种,是思想的比较集中的表达和传播。如果从这个意义上来说,分析的马克思主义的确就是一种思潮。至于把分析的马克思主义看作是一种现象,这主要是罗伯特·韦尔的说法,他明确指出,"分析马克思主义实际上是一种现象,把它看作是一个运动或学派就是错误的了。把它看作是一种理论甚至一种'范式'(不管这一负载过多含义的术语到底是什么意思)也同样是错误的"。但是,"另一方面,分析的马克思主义现象却将不同的观点和研究路径带到了一起,这是以前的马克思主义运动从来没有过的"①。同时,韦尔指出,"分析的马克思主义有好几种,它们在研究路径、研究方法甚至研究内容的深浅程度都有所不同",正是因为这样,所以我们只能称之为一种现象,而不能用一个其他的概念来概括之,否则,都容易"以偏概全"。之所以主张把分析的马克思主义看作是一个研究现象,主要是因为分析的马克思主义哲学家和分析的马克思主义社会科学家之间,无论在研究方法还是研究内容方面,都有很大的不同,无法用一个范式概括之,因此最好的办法就是承认它是一种存在的现象。这个概念似乎没有什么不对,它囊括了分析的马克思主义的各种表现情况,但是它又太宽泛了,因为几乎没有什么东西不可以被称为是一种现象。

我国学者在看待分析的马克思主义时,很多时候大体上把它看作是一种新的研究思潮或者研究现象,这个术语强调对分析的马克思主义的整体历史性把握;而前面第一种观点是从分析的马克思主义的主要特征这个角度上把握,第二种观点是从其学者群体的组织性方面来把握。我

---

① [加]罗伯特·韦尔、凯·尼尔森:《分析马克思主义新论》,鲁克俭等译,第2页。

们认为这是各执一端,都没有什么错,只要大体上的概括符合分析的马克思主义的实际情况即可,而不需要太多执着于这个问题的争论,换句话说,只要对分析的马克思主义的基本判定符合事实本身,那么这几种概括都是可行的。一般说来,我国对这一思潮现象的研究开始于 20 世纪 80 年代中后期。第一本被翻译成中文的分析的马克思主义著作是科恩的《卡尔·马克思的历史理论——一个辩护》,1989 年 2 月出版;接下来是 1989 年 3 月翻译出版的肖的《马克思的历史理论》。第一本比较系统地介绍分析的马克思主义的著作是余文烈先生的《分析学派的马克思主义》,1993 年 12 月由重庆出版社出版。根据我们掌握的资料,最早介绍分析的马克思主义的论文大概是崔之元先生的《功能解释与"分析的马克思主义"》,载于《中国社会科学院研究生院学报》1986 年第 6 期。这些情况表明我国学者对分析的马克思主义的研究还是比较及时的,与国际学界有非常紧密的学术联系。

如果对上述三个方面的分析做一总结,那么我们可以说,分析的马克思主义研究文本早在 1970 年就已经出现,标志是科恩的《对历史唯物主义的一些批判》;分析的马克思主义作为一种有影响的研究路径或方法开始于 1978 年,标志是科恩的《卡尔·马克思的历史理论:一个辩护》、肖的《马克思的历史理论》和埃尔斯特的《逻辑与社会:矛盾与可能性》这三部代表性著作的出版;作为一种有影响的思潮开始于 20 世纪 70—80 年代,标志是刚提到过的 1978 年的三部代表性著作,加上 1985 年科恩、埃尔斯特和罗默主编的《马克思主义和社会理论研究》系列丛书的出版,以及 1986 年罗默编辑的《分析的马克思主义》论文集的出版。在本书中,我们一般把分析的马克思主义看成一种研究路径或方法,有时候也会把它看作一种研究思潮。

三、分析的马克思主义的主要研究对象

分析的马克思主义作为马克思主义研究的一种新型路径,它关心的

主题依然是批判资本主义和超越资本主义,研究的对象主要集中在马克思的历史唯物主义和政治经济学方面。至于从什么角度进行批判以及通过哪些具体方式来进行研究,在分析的马克思主义者之间则有争论。但是,这并不影响他们共同存在于一个更大的论域之内。在这个从分析技术特征方面概括的较大论域之内,研究对象大体上可以分为三类:一是经验理论研究,主题是历史唯物主义、阶级等问题;二是规范理论或道德理论研究,主题是剥削、平等、公正分配等问题;三是方法论研究,主题是功能解释、方法论的个人主义、博弈理论或者更广泛意义上的理性选择理论等问题。

如果从问题视角来看,那么"有三个问题应该引起我们那些在马克思主义传统内工作的人的注意。它们是与反对和超越资本主义的事业有关的设计、辩护和策略问题。第一个问题是,我们想要什么?一般而言,甚至用不很概括的话来说,我们所寻求的社会主义社会的形式是什么?第二个问题是,我们为什么想要它?资本主义到底怎么了,社会主义正确在哪里?第三个问题是,我们如何能实现它?今天发达资本主义社会的工人阶级不是它原先样子的事实给予实践什么启示,或者它曾经被认为是什么?"①大体来说,分析的马克思主义者的工作都在这个范围之内,都是对其中一个或者几个问题的研究和回答。在"九月小组"的成员中,一个大致的情况是:研究第一个问题即设计问题的学者主要有罗默、巴德翰、范德维恩、鲍勒斯、范帕里斯和乔舒亚·科恩等人,研究第二个问题即证明问题的学者主要有 G. A. 科恩、范帕里斯、罗默、罗伯特·布伦纳、斯泰纳、范德维恩和鲍勒斯等人,研究第三个问题即研究如何从资本主义转变到社会主义的策略问题的主要学者有埃尔斯特、普泽沃斯基和赖特等人。

如果从分析的马克思主义所使用的方法论来说,一般可分为分析哲

---

① G. A. Cohen, *History, Labour, and Freedom: Themes From Marx*, Princeton University Press, 1988, p. xii.

学的逻辑分析与语言分析技术、新古典经济学的现代经济分析技术和由之发展而来的理性选择理论。在这三者中,科恩与第一类分析技术相联系,罗默与第二类分析技术相联系,埃尔斯特、赖特与第三类分析技术相联系。当然,这只是从主要方面就他们各自运用的主要方法论来说,他们在各自的研究中自然会运用到其他类型的方法论,尤其是埃尔斯特。

因为分析的马克思主义的研究宗旨是为资本主义向社会主义的转向或者说发展提供理论支撑,这个支撑的根基或者说方法论是"现代西方主流方法论"的分析技术,以保证其理论证明的科学性质。这个宗旨的目标是构建当代的社会主义理论。因此,分析的马克思主义的理论研究是随着现实世界的变化而变化,可以说,是非常贴近时代的一种研究路径。分析的马克思主义者最初大多是研究剥削问题,这也是1979、1980年这两年他们学术会议的主题论域,随后他们的讨论和研究范围扩展到马克思主义的一般命题,包括历史唯物主义、劳动和阶级等,然后主题扩展到政治哲学领域,包括自我所有、分配正义、平等和自由等,现在更是扩展到非常具有当下现实关切的经济全球化、儿童问题、恐怖主义和气候变化等问题。

我们不妨以科恩和罗默为例,从他们的代表作来考察其研究重点的变化。先看罗默的代表性著作,根据年代排序主要有《马克思主义经济理论的分析基础》(1981)、《剥削和阶级的一般理论》(1982)、《价值、剥削与阶级》(1986)、《在自由中丧失——马克思主义经济哲学导论》(1988)、《平等主义的视域:哲学经济学论文集》(1994)、《社会主义的未来》(1994)、《分配正义理论》(1996)、《机会平等》(1998)、《政治竞争:理论与应用》(2001)、《民主、教育和平等》(2006年)、《种族主义、排外情绪和分配:先进民主政体中的多议题政治学》(2007)和《变暖星球的可持续性》(2015);同时,罗默编辑《分析的马克思主义》(1986)、《市场社会主义:当前的争论》(1993)、《分析的马克思主义的基础》(1994)、《财产关系、激励和福利》(1997)、《代际平等和可持续性》(2007)等。从这个长长的不完整作品单可以看出,罗默的研究领域非常广泛,包括国际经济学、马克思主义经济理论、纯粹博弈和社会选择理论、分配正义和政治哲学、公共所有和市场社会主义、政治经济学等领域。简而言之，罗默主要是在政治经济学、分配正义和市场社会主义等经济学领域为马克思主义辩护。

科恩的代表性著作主要有《卡尔·马克思的历史理论：一个辩护》(1978,2000)、《历史、劳动和自由：来自马克思的主题》(1988)、《自我所有、自由和平等》(1995)、《如果你是平等主义者，为何如此富有？》(2000)、《拯救正义和平等》(2008)和《为什么不要社会主义》(2009)。其中，《卡尔·马克思的历史理论：一个辩护》是科恩的成名作，科恩一反常规，不是从历史人本主义角度对马克思历史理论的辩护，而是从逻辑实证主义角度对马克思历史理论做出辩护，从而把马克思哲学研究带进当代西方哲学的视界。而在科恩开始写作《卡尔·马克思的历史理论：一个辩护》之前，1972年的一天，科恩在一个偶然的机会中发现一个令他困惑不已的问题，那就是罗伯特·诺齐克(Robert Nozick)的张伯伦论证。那个论证的结论是：无论什么，只要它是从公正的状态中、作为所有参与交易的主体完全自愿的交易结果而产生的，则它本身就是公正的。这个论证沉重地打击了科恩对社会主义平等前景的必然性信念，促使他的学术兴趣发生重大转向。他当即决定在完成对历史唯物主义的讨论(即《卡尔·马克思的历史理论：一个辩护》)之后，转向规范的政治哲学。

科恩的后半生主要向三位最重要的西方政治哲学家罗纳德·德沃金、罗伯特·诺齐克和约翰·罗尔斯宣战，面对他们对资本主义的辩护，他开始以强有力的哲学态度为社会主义平等主义辩护。1988年的《历史、劳动和自由：来自马克思的主题》是对马克思历史理论议题的继续和对批评的回应，在该书中科恩开始对自由主义政治哲学的挑战做出反应。1995年的《自我所有、自由和平等》是一本标准的政治哲学著作，科恩对美国自由主义哲学家罗伯特·诺齐克展开全面的辩论。科恩主张自我所有原则的逻辑后承并不必然是自由和不平等，而完全可能是自由和平等。这本书标志科恩的研究方向和研究重点实现完全转向，从历史哲学转向政治哲学，从历史唯物主义转向自由、正义和平等，从为马克思主义辩护转向发展社会主义理论。在2000年的《如果你是平等主义者,为何如此富有?》这本他在爱丁堡大学的演讲集中,科恩开始对经典马克思主义反思并对罗尔斯正义理论进行批驳。在该书中,科恩把思想体系的结构和塑成个人生命遭遇的现实选择联系起来。在马克思主义方面的案例,他联系的是他自己的生活经历。他说,他成长的家庭环境是斯大林共产主义式的马克思主义氛围,而同龄人则是罗马天主教或者穆斯林的家庭氛围,所以,他孩提时代的意识形态营养就是强烈的社会主义的平等主义信条,而他现在的思想工作就是对这个影响进行清算,抛弃不应该保留的东西,并保留不能丢弃的东西。在罗尔斯的自由主义方面,科恩联系的是一般民众的生活。他相当详尽地论证了平等正义不仅仅像罗尔斯所教导的那样是一个定义社会结构的规则问题,而更是一个个人态度和选择的问题;并且后者是构成社会结构本身的元素①。这样,科恩实际上是把平等问题从抽象的概念还原为个体的生活态度,而这个态度来源于社会中的遭遇,也就是说,平等问题不仅仅是一个概念上的定义问题,更是一个现实个体的社会关系在其思想中的反映和在其价值上的选择。

2008年科恩的《拯救正义与平等》问世,这是科恩对罗尔斯正义理论的一次全面而系统的批判,也是科恩对自己的政治哲学思想的一次集大成论述。这本著作努力拯救下面这样一个平等主义命题:"在一个分配正义占据主导地位的社会中,民众期望在物质方面大体上平等:分配正义不能容忍由为处境好的人提供经济激励而产生的严重不平等,而罗尔斯及其追随者认为这样的严重不平等是一个公正社会的表现。"②同时,科恩努力把正义概念从罗尔斯的建构主义中拯救出来,即从构筑其内容的建构主义观点中拯救出正义概念本身。这是对正义概念的一种更加元伦理学意义上的拯救,而这个拯救又支持对平等主义主题的拯救。可

---

① 参见 G. A. Cohen, *If You're an Egalitarian, How Come You're So Rich?*
② [英]G. A. 科恩:《拯救正义与平等》,陈伟译,第2页。

以说,那本书充分展示出科恩在运用分析哲学分析技术批判自由主义平等主义,并重建社会主义平等主义上的学术造诣。在2009年的《为什么不要社会主义?》这本小册子中,科恩通过描述一个假设的"野营旅行",为社会主义提出了一个非常有说服力的道德论证,并指出对社会主义的道德论证的障碍被夸大了。

此外,科恩还关注现实中的全球性问题。例如,2006年科恩写过一篇文章讨论谁有资格谴责恐怖主义[1]。在这篇论文中,科恩以前以色列驻英国大使兹维·施塔乌贝尔博士谴责恐怖主义的一段话为引子,对谴责恐怖主义的主体资格进行了分析哲学式的详细论证。他的结论是:表达道德观点与进行谴责之间的差异所带来的一个结果就是认为下述两个方面都可能是正确的,即恐怖主义应该受到谴责(道德观点),某种特定的人没有资格谴责恐怖主义。科恩从这个结论进一步推断出:"某人没有资格谴责某事"这一事实并不意味着这件事情不应该受到谴责。很显然,这是两个不同的命题:事情应该被谴责,并不意味着每个人都有谴责它的权利。这篇政治哲学的论文再次展现科恩的分析风格,他在其中对每个问题分析的细致和严谨恐怕是很多人难以忍受的;但是,他的分析结果又是很多人会惊喜和赞赏的。也许,这就是"主流方法论"的魅力所在。

从以上的论述可以看出,科恩的哲学研究是从历史哲学开始,然后延伸到政治哲学领域。尽管后期科恩致力于从政治哲学方面为社会主义平等主义做全面而有力的辩护,但是,科恩政治哲学的价值承诺和方法论选择都立基于其前期的历史哲学之中。正是因为有从历史哲学到政治哲学的一脉贯通,科恩被国际学界称为"社会主义平等主义的良心"。

---

[1] G. A. Cohen, "Casting the First Stone: Who Can, and Who Can't, Condemn the Terrorists?", in Anthony O'hear (ed.), *Political Philosophy*, Royal Institute of Philosophy Lectures Supplement (58), Cambridge University Press, 2006, pp. 113 - 136. 另外,当年在该论文的英文版尚未发表时,承科恩教授惠寄并同意,该文被翻译成中文并随后发表在《国外马克思主义研究年度报告 2007》,人民出版社,2007 年,第 238—255 页。

第二章 "主流方法论"

> 事实上,今日马克思主义的最伟大使命恐怕就是建构一种现代的社会主义理论。这样的一种理论必须包括对现代资本主义的无效性和不正义性的解释,以及一套能够在可行的社会主义社会中减缓这些缺陷的理论蓝图。我认为,分析的马克思主义的方法和工具正是这样的一种理论所需要的东西。
>
> ——[美]J.E.罗默

分析的马克思主义以方法论作为身份的象征,这个方法论如果用一个词来概括,那就是:"分析"。尽管"分析"这个语词更多地指向分析哲学的分析方法,并且分析的马克思主义者中的社会科学家对"分析"这个词感到非常隔膜,但是显然他们同意以"分析的马克思主义"来命名他们的理论,因为许多社会科学家的作品就是以"分析的马克思主义"为标题的[1]。

如果说"分析"是分析的马克思主义的身份象征成立的话,那么这个"分析"指的是什么?它的目标又是什么?

---

[1] 参见[加]罗伯特·韦尔、凯·尼尔森:《分析马克思主义新论》,鲁克俭等译,中国人民大学出版社,2002年,第3—5页。

第一节 分析的马克思主义的"分析"是什么?①

关于"分析",科恩有专门的论述②。科恩认为,"分析"一词在这里有两个相关但其实不同的含义,其中,一个是广义的,另一个是狭义的,每一个都与作为马克思主义整体组成部分的一种传统思维形式相反。具体来说,广义的"分析"与所谓的"辩证"思维相反,它指的是一种与"辩证"思维方法相对的技术方法,用来探求思想表达的清晰性和严谨性;狭义的"分析"与所谓的"整体"思维相反,指的是一种与"整体"思维方法相对的"个体"思维方法,用来探求理论的微观基础。并且,科恩认为,"所有的分析的马克思主义在广义上都是分析的,并且许多在狭义上是分析的"③。

把握一个概念的最好方法就是仔细分析它的内涵和外延。正如著名的德国逻辑学家弗雷格(Gottlob Frege)在《论含义和意谓》中指出的那样,概念是从内涵到外延的推进④。如果说前面是对"分析"内涵的简要阐述,那么"分析"的外延又是怎样的呢?要明确"分析"的外延,首先得明确"分析的马克思主义者"的外延,因为"分析"作为一种方法论是"分析的马克思主义者"所运用的方法论。"分析的马克思主义者"的外延主要包括两类人:哲学家和社会科学家。前者如科恩、伍德、肖等人,后者如罗默、埃尔斯特、赖特等人。因此,"分析"的外延相应地就是"分析哲学的技术方法和实证主义的社会科学方法"。也就是说,在分析的

---

① 作为项目的前期研究,本节初稿以"'分析的马克思主义'的方法论"为题发表于《当代国外马克思主义评论》第6辑,人民出版社,2008年,第328—343页。
② 参见 G. A. Cohen, *Karl Marx's Theory of Historical: A Defence*, Princeton University Press, 2000, pp. xvii - xviii。
③ G. A. Cohen, *Karl Marx's Theory of Historical: A Defence*, p. xvii。
④ 参见 G. Frege, "Über Sinn und Bedeutung", *Zeitschrift für Philosophie und philosophische Kritik* (1892), 100, pp. 25 - 50。

马克思主义哲学家那里,"分析"主要指分析哲学的分析方法,即逻辑分析和语言分析的方法;在分析的马克思主义社会科学家那里,"分析"则主要指实证主义的社会科学方法,即数理逻辑的方法、模型论方法、方法论的个体主义(methodological individualism)①、理性选择理论和博弈论的方法,等等。

一、分析哲学的分析方法

分析哲学的分析方法主要表现为逻辑分析与语言分析,它是"在20世纪实证主义和后实证主义哲学中发展起来的,最初出现在说德语的国家中,后来因为纳粹主义的原因而在英语世界里占据了统治地位"②。分析哲学家们认为只有分析哲学的方法才是科学的方法,认为哲学只有凭借分析才能取得进步。著名哲学家罗素先生把自己主张的分析称为现代分析经验主义,因为它和数学相结合,所以不同于洛克、贝克莱和休谟的经验主义。罗素认为:"现代分析经验主义和体系缔造者的各派哲学比起来,有利条件是能够一次一个地处理问题,而不必一举就创造关于全宇宙的一整套理论。在这点上,它的方法和科学的方法相似。我毫不怀疑,只要可能有哲学知识,哲学知识非靠这样的方法来探求不可;我也毫不怀疑,借这种方法,许多古老的问题是完全可以解决的。"③在分析的马克思主义者看来,马克思主义自然也可以被这种分析方法所分析。

一般来说,分析哲学的分析方法主要是通过概念、命题和推理的形

---

① methodological individualism,国内也有学者翻译为方法论的个人主义。我们同意段培君先生的区分,如果从经济学或者社会学角度来看,因为分析的基础是个人,则翻译为"方法论的个人主义"较好;如果从科学方法论和近代科学的分析传统来说,与整体主义相对,则翻译为"方法论的个体主义"较好。在本章中,我们主要介绍现代西方主流方法论的分析技术,所以译为"方法论的个体主义"较好。参见段培君:《方法论个体主义的三种诠释及其合理性》,《自然辩证法研究》2002年第9期,第52—56页。
② G. A. Cohen, *Karl Marx's Theory of Historical: A Defence*, p. xviii.
③ [英]罗素:《西方哲学史》(下卷),马元德译,商务印书馆,1976年,第395页。

式结构分析来保证语言表达的清晰性,通过对语言的语境分析来保证语义的真实性,通过对语言之间以及语言形式结构之间的一致性来保证论证的严谨性。如果具体来说,这种方法至少包括四种具体的方法,即概念分析方法、逻辑形式的分析方法、日常语言的分析方法以及证明和反驳的方法。以科恩为代表的分析的马克思主义哲学家在他们的作品中主要运用这些方法,来对马克思主义理论进行更清晰和更严谨的诠释。

1. 概念分析方法

概念分析方法就是通过分析语句中语词所表达的概念意义来确定语句所表达的命题。我们知道,语词是表达概念的语言形式,概念是语词的思想内容。概念离不开语词,但并非语词都表示概念。语词和概念之间不是一一对应的关系,一个语词有时候可以表示两个甚至多个概念,一个概念也往往可以用多个语词来表达。

例如,科恩为阐明生产力与经济结构(经济基础)之间的关系,对命题"如果生产力在解释上是基本的,那么它们便是经济基础的一部分"进行了分析。可以看到,生产力与经济结构(经济基础)之间的关系取决于对"基础"这一概念的意义理解。在具体的分析过程中,首先可以用 s 来表示这个条件命题,用 p 表示它的前件,用 q 表示它的后件。表达如下[①]:

> s:如果生产力在解释上是基本的(p),那么他们就是经济基础(或底座)的一部分(q)。

在科恩看来,命题 s 是一个似乎可信但实际上虚假的命题,因为他认为命题 s 的前件 p 是真的,而后件 q 是假的。他指出,传统观点普遍地肯定

---

① G. A. Cohen, *Karl Marx's Theory of Historical: A Defence*, p. 29.

这个命题。为什么会这样呢？他分析了肯定这个观点的两种错误情况：一是从生产力是基本的就推出其是经济基础的一部分，所以肯定命题 s；二是否认生产力是基本的，但这又肯定了命题 s，因为根据条件命题的逻辑性质，如果前件 p 为假，则命题 s 必为真[①]。那么，这两种错误情况发生的根源何在呢？科恩认为，问题的根源在于："基础"一词在这里具有含混性，或者说"基础"一词在这里可以表示不同的概念。为此，科恩给出了"基础"的两个定义：

D1：x 是 y 的基础 1 = x 是 y 的一部分，y(其余部分)建立其上。

D2：x 是 y 的基础 2 = x 是 y 之外的，并且 y(的全体)建立其上。

很显然，这是两个不同的概念。在 D1 中，"x 是 y 的基础"蕴涵"x 是 y 的一部分"；而在 D2 中，"x 是 y 的基础"则蕴涵"x 不是 y 的一部分"。为了更清楚地说明这个区别，科恩以"房屋的基础"来说明"基础 1"，房屋的基础是房屋的一部分；以"塑像的底座"来说明"基础 2"，塑像的底座并不是塑像的一部分。在这个区别基础上，他进一步指出，经济结构是社会构成的"基础 1"，而且是上层建筑的"基础 2"。同理，如果人们把命题 s 中的"基础"指向"基础 1"，而不是"基础 2"，那么这个命题就是真的；而科恩认为命题 s 中的"基础"其实应该是指向"基础 2"而不是"基础 1"，即生产力是经济的基础但是不属于经济基础。由此，生产力与经济结构（经济基础）之间的关系，获得一个比较清晰的概念解释，并且这个解释与重要命题 s 之间获得融贯性。

科恩的这个分析非常具有启发性，它表明我们对一个命题的理解依赖于对其中概念的理解。如果我们对概念的含义没有理解得清楚或透彻的话，那么往往就会产生错误的观点，而错误观点的根源即在于没有对概念进行分析或者分析得不够透彻。

[①] 对于条件命题"如果 p，那么 q"而言，在逻辑上它等值于"不可能(p 并且非 q)"，后者即为"非 p 或者 q"。当"p"为假时，无论"q"取值为何，"非 p 或者 q"必为真，即"如果 p，那么 q"必为真。

2. 逻辑形式的分析方法

逻辑形式的分析方法就是逻辑主义的分析方法,指把整体分解为部分、把复合命题分解为简单命题、把日常语言翻译为人工语言的一种分析方法。它是通过符号化的表达和处理,以期把复杂的命题结构关系清晰化和准确化。

例如,科恩在区分社会的物质属性和社会属性时,针对马克思的四个例子,他以 S 表示根据社会属性进行的描述,以 M 表示其他的描述,把马克思的描述表示为五种逻辑形式,即:

M 只是在一定的关系中才是 S;

M 脱离造成 S 的关系就不是 S;

M 不是 S 本身;

M 完全不是 S;

M 只是从社会的观点看是 S。

接着他分析上面的每一种逻辑形式,并指出哪些是合适的,哪些是容易引起误解的,哪些是含混的。这个半形式化的表达就是一种逻辑形式的处理方法。再如,科恩在阐述功能解释时,以命题公式$(E \to F) \to E$以及更形式化的谓词公式$((\exists x)(E(x, t_1) \to (\exists y)F(y, t_2)) \to (\exists z)E(z, t_3)$来精确地表达功能解释的结构,也是逻辑形式分析方法的运用。

还有,如科恩在阐述他提出的"首要命题"和"发展命题"时,把马克思《〈政治经济学批判〉序言》中的一段论述分解成六个命题,然后一一进行分析,并论证它们之间的一致性。他指出,第五个命题"无论哪一个社会形态,在它们所能容纳的全部生产力发挥出来以前,是决不会灭亡的",是说"一个社会形态所能容纳的全部生产力发挥出来"是"该社会形态灭亡"的必要条件,这不能推出"如果经济基础所能容纳的全部生产力已经全部发挥出来,那么经济基础就要灭亡"。也就是说,必须把充分条件和必要条件区分清楚,不能混淆。同样,第六个命题说"新的更高的生产关系,在它存在的物质条件在旧社会的胎胞里成熟以前,是决不会出现的",科恩指出它的反题"如果生产力发展到足以产生新的和更高的经济基础,那后者就会产生"并不必然是真的,因为那个正题为真并不蕴涵其反题为真。

逻辑形式的分析方法通过将日常语言形式化,把概念、命题和推理转换成人工语言的形式,从而使命题的结构更加清晰,使我们能够在更大程度上避免或消除日常语言带来的模糊性和复杂性,以保证推理的有效性和论证的说服力。这是自莱布尼茨提出"普遍语言"的设想以来无数学者和专家的一个理想,并且已经有一系列的尝试和努力,它已经产生非常重要的影响,已经使我们对哲学和社会科学的研究达到一个新的高度。

3. 日常语言的分析方法

日常语言的分析方法起于摩尔(George Edward Moore),这个方法主张对语言的理解要根据"语境原则",在具体的语境中理解语言的意义,而反对一般地抽象地谈论语言的意义或者用理想的人工语言来刻画自然语言的结构。

例如,科恩指出,关于"生产方式"这个语词,马克思多次使用,但是在不同的场合中表达不同的概念,分别表达(i)物质方式,(ii)社会方式,(iii)混合方式。其中,(i)物质方式强调社会生产的物质属性,指一种物质的"技术"或者"模型","是人们用他们的生产力工作的途径,他们从事训练的各种物质过程,专业化的形式以及在他们当中进行的劳动分工"①。举例来说,马克思在《资本论》中写道,"就生产方式本身来说,例如,初期的工场手工业,除了同一资本同时雇佣的工人人数较多而外,和行会手工业几乎没有什么区别"②。这里的"生产方式"就是一种生产的物质方式,而不包括社会方式,因为就社会方式而言两者之间已经有明

---

① G. A. Cohen, *Karl Marx's Theory of Historical: A Defence*, pp. 79 - 80.
② 《马克思恩格斯选集》第 2 卷,人民出版社,2012 年,第 206 页。

显的区别。(ii)社会方式强调社会生产过程的社会属性,主要表现在三个方面:生产目的、生产者剩余劳动的形式、剥削生产者的方法。其中,生产目的可以分为:为使用的生产和为交换的生产;为交换的生产可以分为:为交换价值的生产和不是为了交换价值的生产;为交换价值的生产可以分为:为最大限度交换价值的生产和不是为了最大限度交换价值的生产;为最大限度交换价值的生产又可以分为:为资本积累的生产和不是为了资本积累的生产。很明显,这是一个二分法的连续运用,通过这种二分法式的划分,就使得概念的界限更加明晰。(iii)混合方式兼有物质方式和社会方式二者。例如,马克思在《〈政治经济学批判〉序言》中的用法就是这样。既然马克思对"生产方式"这个语词经常在不同的意义上使用,那么我们就必须运用日常语言的分析方法,根据具体的上下文情况来确定这个概念的含义,这样才能真正明白马克思的文本真义。

如果说逻辑形式的分析方法是人类对纯粹理性的一种恒久追求,是关于理想语言的一种尝试活动,那么日常语言的分析方法则是人类对实践理性的一种尊重,是主张语言还原于生活。这是两种截然不同的语言分析态度,分属于哲学上的理想语言学派和日常语言学派,而著名哲学家维特根斯坦的前后期分属于两者。但是,这两个学派的目标是一致的,即把握语言的意义,解决哲学问题。科恩在他的作品中经常是两个方法都运用,只是根据不同的具体情况选择不同的分析方法,这从一个方面也表明科恩所关注的根本方面并不是方法本身,而是为马克思理论辩护,他之所以运用这些方法只不过是因为这些方法是他正好所通晓的工具而已。

4. 证明和反驳的方法

证明是通过一个或者若干命题的真来确定另外一个命题的真实性的思维过程;反驳则是通过一个或者若干命题的真来确定另外一个命题的虚假性的思维过程。证明的说服力取决于证明过程是否满足充足理由律,即证明 p,首先要有 q→p 和 q 都为真,这样才能保证 p 的真实性。

第二章 "主流方法论"

反驳的说服力取决于能否推翻对方的论点,至少是能否有效削弱对方的论证。关于反驳的方式,可以采取直接反驳,也可以采取间接反驳或者归谬反驳。科恩在他的论证中,就经常运用证明尤其是反证法和例证法来证明他的观点,并进一步反驳他所不同意的观点。

例如,在区分社会的物质属性和社会属性时,科恩论证了"资本是物而不是关系"。他指出资本既是物又是关系的两种说法是不一致的,因为"X(不变资本的一部分,奴隶)不可能既是(i)y(生产资料,人)和 z(资本家,奴隶主)之间的关系,又是(ii)y 根据其和 z 之间的关系而所是之物"①,X 只能是其中的一个。以奴隶为例,奴隶不是一种关系,而是和奴隶主之间具有某种关系的人,也就是因为关系而所是者。这就像丈夫是一个男人因为婚姻关系而具有的属性,但是丈夫不是婚姻关系本身一样,从而将因为关系所是和关系本身区开来。这个证明过程实际上就是使用选言论证方式。

再如,科恩在证明"可运用于生产的科学知识是生产力"②的时候,运用的是二难推理的论证方法。他面对的反对意见是:一种精神性的东西(科学)怎么能是一种物质性的生产力? 科恩的论证过程是:首先,确定物质生产力和精神生产力的外延关系,或者是(1)真包含关系,即精神生产力是物质生产力的一个子集,或者是(2)全异关系,即精神生产力和物质生产力是两类性质不同的生产力③。其次,进行分类讨论。如果是情况(1)成立,那么可以把"物质的"反义词看作是"社会的",而不是"精神的",这样,"精神性的东西"与"物质性的东西"并不矛盾,所以,精神性的东西(科学)就可能是一种物质性的生产力。如果是情况(2)发生,那么反对意见的逻辑前提就不成立,因为它是:一切生产力都是物质性的。

---

① G. A. Cohen, *"Karl Marx's Theory of Historical: A Defence"*, p. 90.
② 同上书,第 45 页。
③ 因为根据马克思主义的观点,物质生产力和精神生产力之间不可能是其他三种关系中的任何一种:全同关系、交叉关系和真包含于关系。如果它们之间是全同关系或交叉关系,那么就等于承认既是物质又是精神的东西的存在,这属于哲学上的二元论观点。如果它们之间是真包含于关系,那么就等于承认唯心主义观点。

总之，无论是哪一种情况成立，都不能完全驳斥："可运用于生产的科学知识是生产力"。如果从严格意义上来说，科恩的这个证明过程是比较弱的，因为它运用的论证方式（二难推理）是比较弱的，其中在驳斥情况（1）时得出的结论只是：精神性的东西（科学）可能是一种物质性的生产力，是一个可能命题，而不是实然命题。

又如，科恩在证明唯物史观是一种功能解释的时候，先运用反证法，对反对唯物史观是功能解释的观点和依据进行批驳，然后运用例证法，指出唯物史观中在对经济结构与生产力之间的关系、意识形态的产生和传播等问题进行解释时都是功能解释的，同时结合他论证过的生产力和生产关系的关系、经济基础和上层建筑的关系等都是功能解释的例子，从而证明唯物史观运用的是一种功能解释。

二、现代社会科学的分析方法

在科恩看来，现代社会科学的分析方法既包括起源于亚当·斯密和大卫·李嘉图的经济分析技术，又包括从新古典经济学中发展出来的选择、行为和策略的描述技术，即现在的"决策理论""博弈理论"和更一般的"理性选择理论"[①]。前者在非马克思主义的新古典经济学中有严格的数学形式，主要源起于法国经济学家里昂·瓦尔拉斯和英国经济学家阿尔佛雷德·马歇尔的时代；在分析的马克思主义者中，经济学家罗默是运用这种方法的主要代表人物。后者在现代政治科学中得到广泛的应用；在分析的马克思主义者中，埃尔斯特和普泽沃斯基是这种方法的主要代表人物，赖特也运用这种方法，当然，他更经常运用社会调查和模型分析的方法。至于科恩，他也运用这两种分析方法，但是比较少些。

因为分析的马克思主义者尤其是分析的马克思主义的社会科学家非常注重分析马克思主义的微观成分和微观机制，而"分析的马克思主

---

① 参见 G. A. Cohen, *Karl Marx's Theory of Historical: A Defence*, p. xviii.

第二章 "主流方法论"

义社会科学家所谓的微观基础,指的是为社会现象建立普遍的理性选择解释,这种解释只依赖于个体的理性行为"①。所以,方法论的个体主义就为理性选择理论提供基础,而博弈理论则为理性选择理论提供精致的严格的形式。理性选择理论的起源可以追溯到亚当·斯密,他是从经济学的角度解释理性,认为理性就是一种思考、计算、趋利避害的能力,即马克思·韦伯所说的工具理性。理性选择理论强调社会现象可以通过假设被卷入的人们是理性地做出选择的而得到解释。现在,理性选择理论在现代社会科学中已经有非常广泛的运用,它是分析和解释社会行动的一个重要理论视角。当然,社会科学分析方法还有很多,例如演绎、归纳和数理逻辑的方法。正如穆勒(John S. Mill)和马歇尔(Alfred Marshall)所强调的那样,"归纳方法和演绎方法都是科学的思想中所必须采用的方法,正如左右两足是走路不可缺少的一样",而"经济学需用归纳方法和演绎方法,但为了不同的目的,采用这两种方法的比重也不同"②。现在,演绎方法在现代经济学中更多地表现为数理逻辑的方法,因为"科学实验室和数理逻辑是科学方法论的两大支柱,使人类的知识远远超过基于个人经历的智慧"③。也就是说,先通过科学实验来探求事物现象之间的因果关系,再运用数理逻辑理论为已经获得的知识建立形式化系统。

在这里,我们主要谈论一下博弈理论和方法论的个体主义,它们在罗默和埃尔斯特那里有大量的阐述和运用。需要注意的是,罗默没有明确区分这两者,甚至把它们等同使用;而埃尔斯特则把从方法论的个体主义到理性选择理论再到博弈理论看作是层层递进的关系。博弈理论(Game Theory),又称游戏理论或者对策论,研究在竞争的或者联

---

① [加]罗伯特·韦尔、凯·尼尔森:《分析马克思主义新论》,鲁克俭等译,第9页。
② [美]阿尔佛雷德·马歇尔:《经济学原理》(上卷),朱志泰、陈良璧译,商务印书馆,1964年,第41页。
③ 王小卫、宋澄宇:《经济学方法:十一位经济学家的观点》,复旦大学出版社,2006年,"序言"的第2页。

合的局势下利害冲突的双方或者多方各自的最优策略问题。最经典的例子是布坎南和埃尔斯特运用博弈理论分析革命中的"搭便车"现象或者说是阶级意识的形成问题，阐述了革命意识从"囚徒困境博弈"向"合作博弈"的转变机制。罗默在对剥削的定义中也运用到博弈理论。他先是运用概念分析方法区分技术意义上的剥削和道德意义上的剥削，然后运用模型理论设计出几个微观经济均衡模型，最后给出剥削的定义，即：

> 当人们说一个人或一个团体在某种情景下被剥削时是指什么意思呢？我主张剥削概念具备如下条件，即：当且仅当下面的条件成立，一个群体 S 在一个更大的团体 N 中才是受剥削的：
> (1) 假设存在这样的一种选择，在其中，S 的状态将比现在情景下更好；
> (2) 在这种选择下，群体 S′ 作为 N 减去 S 后的剩余，其状态将比现在更坏；
> (3) S′ 在与 S 的关系中占据优势地位。①

实际上，罗默的定义就是说：如果一个群体 S 带着人均社会资产"退出"其所从属的更大团体 N 后能够使其成员过得更好，那么群体 S 在该经济体中就是受剥削的。这就是一个博弈论的剥削定义。

接下来我们谈论方法论的个体主义。方法论的个体主义作为理性选择理论的一个基本方法论，也是微观经济学的基础。马克·布劳格曾指出："看起来早在 1908 年熊彼特就发明了'方法论的个体主义'这个表达，他还是第一个把方法论的个体主义和政治上的个体主义区分开来的人，前者描述坚持从个体行为出发的经济分析模式，后者表达政治纲领，

---

① John E. Roemer, *A General Theory of Exploitation and Class*, Harvard University Press, 1982, pp. 194-195.

第二章 "主流方法论"

这个纲领把对个体自由的保留情况作为检验政府活动的试金石。"①这样,就将方法论的个体主义与政治的个体主义、社会学的个体主义区分开来。但方法论的个体主义是一个内容丰富的概念,正如对方法论的个体主义很有研究的霍利斯(M. Hollis)说:"我不认为个体主义是一个简单或清晰的题目。我认为,广义地说,一位个体主义者是指把分析的优先性赋予单个代理(或他们的状态)的人。这种优先性可以是本体论的、认识论的或者形而上的,也可以是伦理的、政治的或者社会的。"②从历史发展的轨迹来看,方法论的个体主义最初是作为经济学的分析论证模式,后来发展到社会科学的分析论证模式,再到分析论证模式与价值辩护的结合。在分析的马克思主义者中,埃尔斯特由于考虑到方法论的个体主义在社会科学中引发了很大的争议,所以他对"方法论的个体主义"进行了比较详细的阐明,主要有以下几点③:(1)在个体行动方面,它并不假设自私甚至理性。也就是说,方法论的个体主义仅仅是方法论方面的考虑,是一种论证模式,并不是关于人性的实体假设。(2)方法论的个体主义只是在外延语境中成立。如果一个整体性实体出现在内涵语境中,那么它就不可以被还原。例如,"资本家害怕工人阶级"就不可以被还原为"资本家害怕个体工人",而"资本家的利润被工人阶级威胁"就可以还原为"因为个体工人采取行动而带来的后果"。这里表明,只有外延性的描述才可以分解或者说还原为它的外延组成部分,而内涵性的命题是不可分解或者还原的,只能被诠释。(3)因为诸如"强有力的"这样的许多个体特性具有内在关系性,所以对一个个体的精确描述可能会涉及对他人的参照。也就是说,对个体的还原并不是不考虑适当的关系,而是要根据情况进行参照的。(4)要避免把值得进行的还原论变为不成熟

---

① [英]马克·布劳格:《经济学方法论》,黎明星等译,北京大学出版社,1990年,第55—56页。
② M. Hollis, "Of Masks and Men", in Michael Carrithers, Steven Collins, and Steven Lukes (ed.), *The Category of the Person: Anthropology, Philosophy, History*, Cambridge University Press, 1985, p. 225.
③ 参见 Jon Elster, *Making Sense of Marx*, Cambridge University Press, 1985, p. 6.

的还原论,即机械生物还原论,把生命运动形式归结为物理—化学运动形式,把生物学规律还原为物理—化学过程。可以说,埃尔斯特的这些阐明非常有意义,使我们能够对方法论的个体主义有一个更好的理解和运用。

三、关于方法论的几点反思

分析的马克思主义以方法论见长,而其所运用的现代西方主流方法论的分析技术在我国社会科学尤其是哲学中运用得还并不广泛,那么,我们应该如何看待这样的"主流方法论"呢?

其一,运用分析哲学的分析技术对重新理解马克思主义而言意义重大,它有助于界定其基本概念,澄清其基本命题,以及严格其论证过程。维特根斯坦曾说过,"哲学的目的是从逻辑上澄清思想。哲学不是一门学说,而是一项活动。哲学著作从本质上来看是由一些解释构成的。哲学的成果不是一些'哲学命题',而是命题的澄清。可以说,没有哲学,思想就会模糊不清;哲学应该使思想清晰,并且为思想划定明确的界限"①。作为分析的马克思主义哲学家,科恩做的正是这样的工作,他希望通过对经典马克思主义的分析处理来夯实马克思主义的根基。正像分析哲学的本质特征是标志哲学的"语言学转向",科恩历史哲学的本质特征也是"语言学转向",它标志着国外马克思主义研究的一种"语言学转向",科恩正是通过分析马克思的经典文本来"显示"马克思主义的真理性。

其二,如果从论证模式的角度来说,那么方法论的个体主义和方法论的整体主义是各有所长并且互为补充的,我们应该对它们综合运用。一般来说,方法论的个体主义和方法论的整体主义是两种不同的论证模式,它们之间的分歧主要在于:是否存在可以还原为个体的规律?前者

---

① [奥]维特根斯坦:《逻辑哲学论》,贺绍甲译,商务印书馆,1996年,第48页。

认为任何社会规律都可以还原为个体并且必须建立在个体活动的基础之上;而后者主张社会规律高于个体并且不可还原。所以,前者主张从个体出发认识历史,而后者坚持从社会整体规律出发认识社会。可以看出,两者是各执一端,坚持各自一方的优先性,而没有看到个体和整体之间的不可分割性,因为"我们的研究对象,不是一些简单的个体,而是一些在社会秩序中占有一席之地的社会个体……为了了解这种个体,我们必须把它放在其群体环境中来加以研究;而为了了解这种群体,我们又必须考察那些个体,因为正是这些个体之间相互关联的行为组成了社会群体"[①]。基于此,我们认为,不可以将马克思主义的方法论简单地归属于方法论的整体主义或者方法论的个体主义,因为这两种方法在马克思主义的经典作品中都有出现并有大量的运用。马克思在《资本论》中就大量地运用了方法论的个体主义的分析模式,虽然不是特别数理模式化的;而在历史唯物主义的论述中,运用了方法论的整体主义更是无可置疑。马克思对古典经济学"抽象的个人"观念是批判的,马克思主张"现实的个人"的思想,但是马克思并不反对古典经济学关于个体自私和理性的假设,他否认的是"理性人是孤立的"这样的思想。换句话说,马克思主张理性人是相互联系、相互依赖和相互制约的关系,而社会是个人之间关系的总和,不是个人的简单相加。换句话说,马克思历史唯物主义的出发点"现实的个人"是整体中的个体,个体体现着整体;而不是简单的个体,更不是抽象的整体。在这里,很容易让我们想起哈耶克所主张的"真个体主义",他"一是通过主张个人的社会性质和社会的个人互动性质而批判了'伪个人主义'所主张的那种自足于社会的并且具有充分理性的孤立个人观以及'集体主义'所宣称的那种独立于作为其构成要素的个人的社会观;二是通过强调'个人'和'社会'并非本体论上的实在而是意义客体的观点来揭示出'伪个人主义'和'集体主义'视方法论上的抽象为本体论上的实在这种'方法论

---

① [英]霍奇逊:《现代制度主义经济学宣言》,向以斌等译,北京大学出版社,1994年,第61页。

具体化'思维方式的致命谬误；三是通过主张本体论向方法论的转换和强调个人主观解释或理解的能动作用而批判了'伪个人主义'和'集体主义'中所隐含的'一对一'的客观主义和把自然科学的方法论扩展适用于社会科学的唯科学主义"①。可见，哈耶克的"真个体主义"同样是在强调一种融合整体主义思想的个体主义，反对形而上学的个体主义。但是，哈耶克的"个人"在本质上不同于马克思主义的"现实的个人"，因为前者属于方法论的"个体主义"范畴，而后者则是一个历史唯物主义概念，是"一切社会关系的总和"。如果仅仅从方法论角度来考虑，在分析具体的问题时，我们当然可以考虑是运用方法论的个体主义还是运用方法论的整体主义。

其三，我们不能简单地把"现代西方主流的方法论"驳斥为形而上学的思维制式，从而不进行深刻的研究，更不借鉴其中的精华。这种浪漫主义的批判倾向是要不得的，在近代科学史上它已经带给我们太多的教训，所以，我们必须先认真细致地学习和研究这些方法论，然后批判地借鉴和吸收它们的有益成分，最后形成我们自己的更加先进的方法论。其实，马克思本人也赞同分析，甚至达到无以复加的地步。他在《资本论》序言中说："分析经济形式，既不能用显微镜，也不能用化学试剂。二者都必须用抽象力来代替。……在浅薄的人看来，分析这种形式好像是斤斤于一些琐事。这的确是琐事，但这是显微解剖学所要做的那种琐事。"②可能有人会争辩说，马克思的"分析"不同于分析的马克思主义者的"分析"。的确，两者是不同的，因为马克思的时代还没有现代哲学社会科学的精确方法论。如果有，那就应该另当别论了，因为马克思善于借鉴自然科学和社会科学的一切先进的文明成果。

---

① 邓正来：《哈耶克方法论个人主义的研究》，《浙江学刊》2002年第4期，第69页。
② 《马克思恩格斯选集》第2卷，第99—100页。

第二节 分析的马克思主义的主要特征

关于分析的马克思主义的主要特征问题,国内外有许多学者根据分析的马克思主义者的有关作品进行了阐述,甚至就这一问题展开热烈讨论[①]。如果我们对这一问题进行整理,根据渊源和主要内容进行划分,那么主要有以下三种代表性的观点。

一、三种代表性观点

一种观点源自科恩,迈耶也持相同观点[②],在国内以段忠桥等人为代表[③],我们相应地称之为"科恩-特征观"。他们认为分析的马克思主义有两个主要特征:(1)推崇分析的方法,反对辩证的方法;(2)推崇方法论的个体主义,反对方法论的整体主义。

另一种观点源自罗默 1986 年编辑出版的《分析的马克思主义》,在国内以余文烈、俞吾金等人为代表,我们可以称之为"罗默-特征观"。他们认为分析的马克思主义的主要特征是:(1)"对抽象的必要性有一种泰然的承诺",即主张把理论命题规范化或模式化;(2)"探寻基础",通过提出和探讨一些在传统的马克思主义者看来没有必要提出的基础问题而

[①] 相关的论文包括但不限于以下的列举,何增科:《什么是分析的马克思主义》(1997),余文烈:《什么是分析的马克思主义的本质特征?》(1997),段忠桥:《关于分析的马克思主义的两个问题》(1997)、《再谈分析的马克思主义的主要特征》(2000)、《对"分析的马克思主义"的反思》(2001)、《分析的马克思主义的一般特征及其三个代表性成果》(2001),乔瑞金、周星:《分析的马克思主义与马库斯的质疑》(2003),Chris Bertram:《剖析分析的马克思主义》(2003),Ian Hunt:《分析的马克思主义和"新辩证法"学派》(2004),齐艳红:《关于分析马克思主义方法论的若干分析》(2013)等。
[②] 参见 T. Mayer, *Analytical Marxism*, Thousand Oaks, London, New Delhi: Sage, 1994。
[③] 请允许我们使用"代表"这个语词,只要相关学者介绍、阐述了某种"特征观"并且没有提出不同的观点,那么我们就认为该学者是认同至少是不反对这种"特征观"的。当然,不否认该学者可能有自己的观点而没有展开,但是这并不影响他是该"特征观"的介绍者和阐述者地位。

致力于为马克思主义建立理论的微观基础,这一原则必然通向前一个原则;(3)"非教条地探讨马克思主义",不特别关心马克思写了什么或者说了什么,而特别关注马克思思想的一致性。

还有一种观点源自赖特,在国内以何增科等人为代表,我们称之为"赖特-特征观"①。他们认为分析的马克思主义的主要特征有四个,即(1)在科学研究和理论阐述中信奉常规的科学规范;(2)强调系统地进行概念化的重要性,尤其是对马克思理论的核心概念;(3)建构清晰的抽象模型;(4)在解释和规范理论中运用理性选择理论。

下面我们对这三种观点逐一分析,并指出其"片面之处"。

"科恩-特征观"是从哲学的角度,从二元对立的角度给出特征描述。它表达比较激进,完全否定辩证法的存在和整体主义的必要性。首先,"分析的马克思主义者不认为马克思主义拥有一种有特色并有价值的方法。有的人相信它包含有这么一种方法,他们称之为'辩证的'。但是我们相信,尽管语词'辩证的'并不是一直被不清楚地使用,但它从来没有以清楚的含义指称一种可以和分析方法相提并论的方法:没有一种辩证形式的推理能够挑战分析推理。那种认为辩证法是分析对立面的信仰只在一种不清楚的思想的空气中成长"②。也就是说,这一特征观指出,在马克思主义中并不包含辩证法,并不存在一种辩证推理方法来挑战分析推理方法,因此那种认为辩证法是分析方法对立面的观点就是不正确的。其次,主张研究"微观成分和微观机制",坚持方法论的个体主义。科恩认为,虽然方法论的整体主义能够对社会的群体行为进行宏大叙事性的描述,但是对这些群体行为的个体基础显然缺乏有力的解释,因此,必须对历史理论建立方法论的个体基础,从而使马克思主义成为科学的理论。

其实,"科恩-特征观"的视角主要来源于科恩这样的哲学家,在其他

---

① 参见 E. O. Wright, *Interrogating Inequality: Essays on Class Analysis, Socialism and Marxism*, Verso, 1994, pp. 181—182.
② [英]G. A. 科恩:《对分析的马克思主义的反思》,陈伟译,《复旦哲学评论》第3辑,上海人民出版社,2006年,第317—318页。

领域的学者那里就有不同的看法。例如,在分析的马克思主义者中,埃尔斯特和伍德都对辩证法持比较温和甚至同情的态度。埃尔斯特在其著作《理解马克思》中指出,辩证法是马克思主义一个值得保留的重要贡献,"在马克思那里经常出现一种论证方式,可以把它叫做'社会矛盾的理论'……在我看来,这是马克思对社会科学方法论的重要贡献",至于"我们是否用'辩证法'和'社会矛盾'语词来指称这一方法,相比之下则是第二位的事情"①。同时,埃尔斯特认为马克思没有时间去将黑格尔辩证法的"合理内核"阐释清楚,而这一点工作可以由他来完成,并且他主张用常规的"分析"方法来阐述清楚。这样说来,尽管"除了把辩证法看作谈论相互联系和变化的抽象方法外,分析的马克思主义者几乎没有给辩证法以任何重要地位"②,但是还是有分析的马克思主义者并不是全面反对马克思主义辩证法,而只是反对那种把辩证法当作"瑜珈"式的演绎方法,也就是缺乏微观机制分析的推理方式。

"罗默-特征观"主要是从经济学家的视角,从分析的马克思主义者所运用的经济学方法论的一般特征的角度描述。罗默强调现代社会科学的模型论、博弈论等抽象方法的科学性,主张运用这些方法对马克思主义基本理论进行非教条主义的重新梳理,通过提出在传统马克思主义看来没有必要提出的问题来廓清并建立马克思主义的微观根基。但是,在段忠桥先生看来,这种特征观没有说明分析的马克思主义和传统的马克思主义在研究方法上的"对立的性质","没有说明分析的马克思主义是以它的研究方法去反对传统的马克思主义",而分析方法正是分析的马克思主义者的唯一共同之处,所以,他认为"把握分析的马克思主义的主要特征,就是要把握它的研究方法同传统的马克思主义的研究方法之间的根本区别"③。对此,我们赞同首先从研究方法上来确定分析的马克

---

① Jon Elster, *Making Sense of Marx*, p. 48.
② [加]罗伯特·韦尔、凯·尼尔森:《分析马克思主义新论》,鲁克俭等译,第6页。
③ 段忠桥:《关于分析的马克思主义的两个问题》,《马克思主义研究》1997年第4期,第61页。

思主义的主要特征,并想指出,"罗默-特征观"其实是从正面而不是从一个对比层面来说明分析的马克思主义的主要特征,它是以一种间接的表达方式来区别于传统马克思主义的研究方法。

如果说"罗默-特征观"有什么不足之处,主要有二:其一,它没有充分注意到分析哲学技术的独立性,而是把它混同在"抽象的必要性"之中。但是,分析哲学的分析技术是一种独立的方法,它不但是分析哲学家的"武器",而且是他们的一种哲学立场。其二,从逻辑上来说,它的第二个特征蕴涵第一个特征。从系统论的角度而言,特征之间应保持独立性,不能从其中一个特征推出另外一个特征。"罗默-特征观"违背独立性原则,这一点也成为它被责备商榷的不足之处之一。

"赖特-特征观"体现出分析的马克思主义所遵循的严格的科学性标准。在赖特看来,马克思主义应当成为一种真正的社会科学,科学性标准使他对科学规范的信奉超越对马克思主义理论的态度。为了科学性,他认为对概念的清晰界定和相容性证明是理论的必要条件,所以,首先坚持概念分析的基础性地位。在概念清晰的基础上,只有构建模型才能使马克思主义满足社会科学的标准要求,并且,模型有利于抓住问题的核心,有利于解决理论问题。为了给马克思主义建立现实的个人根基,他认为理性选择理论正是"主流方法论"所提供的合适选择。

如果说前面两种特征观分别是从哲学视角和经济学视角给出的描述,那么"赖特-特征观"则是从政治学视角对分析的马克思主义的特征描述。这一特征观列举出四种分析方法,那么它是否穷尽了分析的马克思主义者所运用的分析方法呢?或者退一步说,是否主要的方法论都列举出来了呢?很显然,不是!至少缺少了不等同于概念分析方法的逻辑分析方法,而这是一个重要的分析技术。同时,这一个特征观没有注意到他们的非教条主义主张,而这是分析的马克思主义自称为科学的马克思主义的主要标识之一。

这样一来,如果做个不恰当的比喻,那么就可以说,前面的三种特征观有些像盲人摸象,各执一端;但是他们又都没有什么错,因为谈论的都是"象"。进一步追问,科恩、罗默和赖特是分析的马克思主义的主要代表,是"九月小组"的核心成员,为什么他们的观点看起来迥然不同呢?是不是分析的马克思主义者之间存在什么分歧?其实,分析的马克思主义者不但在实质主张上有不同之处,而且在方法论方面,尽管都是在一面"分析"大旗之下,但是对具体的分析方法,他们各自有不同的主张,甚至有很大的争议之处,这一点从科恩和埃尔斯特的争论中就可见端倪。那么,如何看待这一分歧呢?如何综合"内在面向"和"外在面向"[①]从而避免"片面"观点并成"全面"之见呢?我们认为,首先要弄清楚"主要特征"的含义是什么,其次要分析"主要特征"的理论背景,最后根据前两者给出"主要特征"。

就"主要特征"的含义而言,它预设区分性,指区别于其他事物对象的一种表现,但并不一定是本质特征。比如,人的主要特征包括理性思维、制造工具、直立行走等,但并非这些特征都是人的本质。正是因为主要特征可以从不同角度针对不同问题进行分析和阐述,所以确定主要特征时的理论背景就必须被考虑进来。具体而论,前面的三种特征观都是围绕方法论进行的,但是角度各异,正如罗伯特·韦尔所指出的那样,分析的马克思主义有好几种,它们在研究路径、研究方法甚至研究内容的深浅程度上都有所不同。虽然"分析"对科恩这样的哲学家意味着分析哲学的清晰性和严谨性标准,但是"社会科学家对'分析'仍很隔膜。社会科学家强调工具和模型"[②]。这说明,综括分析的马克思主义的主要特征是一件非常困难的事情,这就好比床、桌子、沙发虽然都属于家具,但是如果要回答床、桌子、沙发这个集合的主要特征是什么,就非常困难,似乎最好的回答就只能是它们都是家具。如果要进行描述,那就只能是对这里的属概念"家具"的描述。虽然这必然会损害种概念的部分特殊

[①] 关于"内在面向"和"外在面向"的用语和思想,借用自著名法哲学家 H. L. A. 哈特。可参见 H. L. A. 哈特:《法律的概念》,许家馨、李冠宜译,法律出版社,2011年,第52—53页。
[②] [加]罗伯特·韦尔、凯·尼尔森:《分析马克思主义新论》,鲁克俭等译,第2—3页。

属性,但这是一个最佳的选择。同时,相比于卢卡奇、萨特、阿尔都塞等西方马克思主义者,分析的马克思主义者大多不承认马克思主义的突出成就在于其独特的方法论;并且,他们认为"根本不存在什么所谓的辩证法,最多它是一种前理论水平的组织、指导思维的方法,它不可能提供什么同现代科学文明相一致的科学洞见"①,只有一种方法论,即现代西方主流的哲学社会科学方法论。

二、分析的马克思主义的三个主要特征

如果说前面的三种特征观不够全面的话,那么正是因为我们是在他们的基础上提出我们的观点,所以我们有可能达至一个比较全面的综合。我们认为,分析的马克思主义的主要特征应当是分析的马克思主义者的共性理论特征,而不突出展现个人的"特别意见"。虽然分析的马克思主义在哲学、经济学、政治学、社会学等方面有不同面貌,但是他们有共性的方面,否则,就不可能统称为分析的马克思主义。当我们对一个事物对象进行特征描述和归纳时,是因为我们想要更为深刻地把握它,但无论怎样,我们的把握相对于事物本身来说都永远是"片面的",当然,这并不意味着我们不需要从事这项工作或者我们可以此作为我们工作"片面性"的借口。同时,我们知道,分析的马克思主义主要是运用现代西方主流方法论为马克思的哲学(主要是历史唯物主义)、经济学(主要是剥削理论)和政治学(主要是阶级理论)等理论辩护,至于分析的马克思主义者在政治哲学领域的工作,仍未超出他们的方法论范围和价值承诺。这样一来,主要有三个关键词:现代西方主流方法论、马克思哲学和马克思社会科学。其中,方法论主要是为了科学对待马克思主义理论,它本身是一个工具,反映的是一个态度问题,属于"程序"关怀;就他们所理解的马克思哲学和马克思经济学、政治学做出辩护,则是分析的马克

---

① [加]罗伯特·韦尔、凯·尼尔森:《分析马克思主义新论》,鲁克俭等译,第28—30页。

思主义者的政治承诺,属于他们的"实体"关怀。根据这样的事实,我们提取归纳出分析的马克思主义的三个主要特征,即:运用分析哲学的分析技术,致力于表述的精确性和论证的严谨性;运用现代社会科学的主流分析技术,探寻理论的微观成分和微观机制,为理论建立微观基础;坚持科学的态度,反对教条主义和主观主义。

1. 运用分析哲学的分析技术,致力于表述的精确性和论证的严谨性

如前所述,在分析的马克思主义者看来,传统的马克思主义即"前分析的马克思主义"存在大量的含混不清和论证不严谨的地方。譬如,经济基础中的"基础"是什么意思?生产力的要素包括劳动者吗?经济基础是怎样决定上层建筑的?等等,这些问题都需要对之进行重新表述和论证,从而使马克思主义的经典理论得到精确的表述和严谨的论证,使马克思主义成为新的形势下"最有前途的理论"。那么,采用什么样的方法或者技术能够实现这样的目标呢?英美的一些哲学家因为已经具备分析哲学的学术背景,并且主张只有用分析哲学的分析技术才能完成任务,才能在此基础上使马克思主义的研究取得普遍性地位,使人们对马克思主义的讨论有一个科学的标准。所以,这些哲学家就运用分析哲学的分析技术对马克思的历史理论进行分析和重建。尽管有学者提出质疑,认为严格意义上的分析哲学不会和任何一种对马克思主义的解释相一致,因为马克思主义与全盛时期的分析哲学信条相冲突。但是,他仍然赞同"分析哲学标志性的严谨特征应该坚持应用到马克思的社会理论中去",从而"马克思主义才有可能作为一种活的理论而繁荣发展"[①]。

关于分析哲学的分析技术,我们在本章第一节中已经有比较详细的论述。关于运用这类分析技术的分析的马克思主义者,主要有科恩、肖、

[①] 参见[英]理查德·诺曼:《什么是马克思主义中活的东西和死的东西?》,载[加]罗伯特·韦尔、凯·尼尔森:《分析马克思主义新论》,鲁克俭等译,第63页。

伍德等哲学家;同时,在罗默、埃尔斯特和赖特等社会科学家那里也有运用,但不是他们的主要方法。换言之,分析哲学的分析技术主要为分析的马克思主义哲学家所运用。他们运用这些分析技术的目标是对马克思的思想提供比他本人更精练的、更符合当代西方学术规范要求的表述,从而使马克思主义在当代"站得住脚"。当然,至于分析的马克思主义者到底做得怎么样,得到学术界怎样的评价,那是另外一个问题。

2. 运用现代社会科学的主流分析技术,探寻理论的微观成分和微观机制,为理论建立微观基础

分析的马克思主义社会科学家认为,传统的马克思主义缺乏阶级、剥削等基本概念和基本理论的微观分析,而只是描述了宏观的路径,这样,马克思主义就缺乏一个坚实的微观基础,无法从微观的个体理性选择的角度做出有力的分析;并且,在现实中,"马克思理论中有一个危机,有证据表明它无法成功地解释当代社会主义国家的行为和发展"[①]。而"基础不牢,地动山摇",这一点随着共产主义运动历史的变迁已经显现无疑。所以,分析的马克思主义者尝试从学术上回答当代马克思主义的微观基础问题。譬如,阶级意识是如何形成的?在当代资本主义社会中,争取实现社会主义对工人的个体利益有利吗?等等。也许有人会问,既然马克思主义理论存在很多问题,那么还需要为之"辩护"吗?关于这个问题,罗默曾明确指出,"根据现代的标准,马克思主义必然是粗糙的,在细节上是有错误的,甚至可能某些基本的主张也是错误的。但是,在解释某些历史阶段和事件时,它又表现出很强的说服力,因而人们就觉得其中一定有一个需要澄清和阐述的合理内核"[②]。也就是说,在罗默看来,马克思主义的理论虽然存在问题,但仍然是非常有效的;为了使之更加有效或者说确定其中有效的部分,我们需要为马克思主义理论建

---

① John E. Roemer, *A General Theory of Exploitation and Class*, p. 2.
② John E. Roemer, *Analytical Marxism*, Cambridge University Press, 1986, p. 2.

立"微观基础"。

既然强调马克思主义的微观基础,就要探寻马克思主义理论的微观成分和微观运行机制,因为"微观成分和微观机制分别构成一个在比较总体水平上进行的解析过程的实体和基础"①。同时,在分析的马克思主义者看来,前分析的马克思主义在科学方法上是粗糙的、不发达的,"正如唯象热力学做的那样,知道气体规律成立是一回事。知道它们是**怎样**和**为什么**成立是另一回事,并且进一步的知识要求狭义上的分析,那是由统计力学通过应用牛顿定律于气体的分子要素来提供的。部分相似地,断言资本主义一定垮掉并让位于社会主义仍然没有说明个体行为是如何导致那个结果的。并且,在最终的分析中,其他任何东西都无法导致那个结果,因为发生的始终是个体行为"②。也就是说,只有阐述清楚微观的成分和机制,宏观的论述才能更好地被理解和接受。

3. 坚持科学的态度,反对教条主义和主观主义。

分析的马克思主义者普遍对马克思主义和社会主义持一种"信仰而不奉承"的立场,正是这样的立场,使得分析的马克思主义具有坚持科学分析和关注现实世界的双重性,坚决反对教条主义和主观主义。

在马克思主义的理论研究和实践探索中,教条主义和主观主义一直是两大危害。"如果说'传统的马克思主义'更注重从实践活动中的结果来检验马克思的基本理论的话,那么'分析的马克思主义'则更注重从理论上的分析来考察马克思的基本理论。"③当代西方学院派哲学家没有机会或者说不愿直接到实际斗争的第一线,就选择在理论上开辟战场,他们既反对死搬教条地解释马克思主义,又反对任意主观地解释马克思主义。科恩把这两种斥责为"胡说的马克思主义",并且就"胡说"主题发表

---

① G. A. Cohen, *Karl Marx's Theory of History: A Defonce*, p. xxiii.
② 同上书,第 xxiv 页。
③ 俞吾金、陈学明:《国外马克思主义哲学流派新编·西方马克思主义卷》(下册),复旦大学出版社,2002 年,第 503—504 页。

多篇论文进行剖析和驳斥,他甚至坚持把分析的马克思主义称为"非胡说的马克思主义"①,从而表现出一个马克思主义战士的形象。

英国学者克里斯多夫·贝塔姆指出:"无论如何,人们认为分析的马克思主义者从积极的建设性意义上来看取得了进展,这是对他们既没有陷入教条主义又没有成为现存秩序的辩护者的赞扬。实际上,他们尝试用资产阶级的社会科学工具来与罗尔斯、阿马蒂亚·森(Amartya Sen)以及其他的相关的新平等主义的政治哲学进行联合,意图设计出可行的制度来推动社会主义目标的发展。"②这表明,分析的马克思主义一方面反对对待马克思主义的教条主义和主观主义态度,另一方面坚持关注现实世界中的重大问题,主张运用科学的方法探究现实问题的出路。

最后,稍微综合一下。在上面的论述中,特征(1)侧重于分析的马克思主义哲学及其方法论的描述,涵盖"科恩-特征观"中的特征(1)和"赖特-特征观"中的特征(2);特征(2)侧重于分析的马克思主义社会科学及其方法论的描述,涵盖"科恩-特征观"中的特征(2)、"罗默-特征观"中的特征(1)和(2)以及"赖特-特征观"中的特征(3)和(4),因为在"罗默-特征观"中(2)就蕴涵了(1);特征(3)侧重于分析的马克思主义的学术态度和价值取向,比"罗默-特征观"中的特征(3)更明确,同时涵盖"赖特-特征观"中的特征(1)。我们归纳出的这三个特征在外延上互不相容,并且涵盖分析的马克思主义的整体描述。同时,正是上述理论特征使得分析的马克思主义在国外马克思主义学术成果出现世界性衰退的时候,分析的马克思主义者的作品却越来越多地成为世界各国学者高度关注的对象。

另外,需要说明的是,有一个情况虽然我们没有把它归于分析的马

---

① 参见 G..A. Cohen, "Deeper into Bullshit", in S. Buss & L. Overton (eds.), *Contours of Agency*, Cambridge, MA: MIT Press, 2002, pp. 321 – 339; and "Why One Kind of Bullshit Flourishes in France", Manuscript.
② [英]克里斯多夫·贝塔姆:《剖析分析的马克思主义》,刘斌译,《现代哲学》2003 年第 4 期,第 29—38 页。

克思主义主要特征的行列,但是却不能不引起我们的注意,那就是:分析的马克思主义者往往都是已经具有一定的哲学背景或者社会科学研究背景的学者,他们将其已有的研究技术和研究风格应用于对马克思主义命题的分析和研究。如科恩、伍德和肖将分析哲学的原则和方法运用于对历史唯物主义的处理,罗默将博弈论和理性选择理论运用于对剥削和阶级的分析研究,埃尔斯特则是"百科全书式"的人物,他涉猎广泛,如将方法论的个体主义与对阶级的研究相结合,将意向性解释与对历史唯物主义的研究相结合,等等。这个情况表明,分析的马克思主义实际上是受到某些强大学科的影响,从而在英美国家形成的一个相应的马克思主义形态。这种跨学科(或者说运用"主流方法论")对马克思主义进行研究的情况,从我国的马克思主义学者学术背景相对比较单一的情况来看,就不能不说是一个特征表现。当然,这也给我国的马克思主义研究者提供了启发,不仅要具备对现实世界的洞察能力,更要具备跨学科的知识背景和"主流方法论",才可能做出理论研究上的真正创新。

第三章　生产力和生产关系[①]

> 生命的生产——无论是自己生命的生产（通过劳动）或者他人生命的生产（通过生育）——立即表现为双重关系：一方面是自然关系，另一方面是社会关系。
>
> ——[德]卡尔·马克思

生产力、生产关系以及生产力和生产关系之间的关系是历史唯物主义的基本概念和基本原理。自马克思主义诞生以来，马克思主义学者甚至非马克思主义学者对此进行了许多的论述和争论，其文牍可谓是汗牛充栋，令人目不暇接；但是，关于这些基本概念、基本原理以及相关概念和原理的确切含义和所指究竟是什么？这一争论的中心主题却一直没有经过严格的分析，一个基本的事实是："人们发现很少有人对生产力和生产关系做出概念上的规定，大多数作者只限于对生产力和生产关系进行分类，或者只提出这两个范畴包含的要素目录"[②]，这种局面直到分析的马克思主义出现才有所改观。究其根源，是马克思在历史唯物主义方面，虽然提出了基本思想和基本观念，但他并没有给出明确的定义。正如肖所指出的那样，"在涉及历史唯物主义概念的时候，马克思和恩格斯

[①] 作为项目的阶段性成果，本章初稿以"科恩对生产力和生产关系的概念分析"为题发表于《当代国外马克思主义评论》第9辑，人民出版社，2011年，第227—249页。在本书中，有比较大的改动。

[②] Jorge Larrain, *A Reconstruction of Historical Materialism*, London: Allen & Unwin, 1986, pp. 76 - 77.

都不像人们所希望的那样一丝不苟"①。也正是当年马克思和恩格斯无论什么原因而造成的细节遗漏之后果,为后来者留下了发挥的广阔天地,很多解读者就各取其意,自说自话,但缺少普遍的严格的科学标准和分析规范,直到分析的马克思主义者以"主流方法论"的分析技术给出明晰而严格的阐述,才为历史唯物主义提供了一个"比马克思本人更精练的表述"基础。

第一节　两个预备性概念

要细致分析生产力和生产关系,就必须从逻辑上分析这两个概念的内涵和外延,而要分析它们的内部构成,就必须确定分析的角度或标准。为此,科恩首先从马克思历史理论中特别提出两个基本概念:社会的双重属性,隶属关系。

一、社会的双重属性

社会的双重属性是指社会的物质属性(material properties)和社会属性(social properties)②,这是一个非常重要的划分,它关系到理解马克思历史唯物主义基本原理的正确性和有效性。科恩在其代表作《卡尔·马克思的历史理论:一个辩护》中专门用一章(第四章)的篇幅来讨论社会的物质属性和社会属性,并认为这是理解马克思历史理论的一把钥匙。令人奇怪的是,肖和莱尔因(Jorge Larrain)都没有对这个问题进行细致的论述,也许是因为他们更关注历史唯物主义尤其是生产力和生产

---

① W. H. Shaw, *Marx's Theory of History*, Stanford University Press, 1978, p. 14.
② 关于 material properties 和 social properties 这两个短语,有的学者翻译为"质料性"和"社会性",有的翻译为"物质性"和"社会性",我们认为都可以。为强调 properties,本书译为"物质属性"和"社会属性"。

关系的"语法分析"而无意于进行元逻辑的研究。关于社会的物质属性和社会属性问题,科恩主要从四个方面进行了详细的论证。

其一,区分社会的物质属性和社会属性。社会是社会存在物所构成的整体,因为其构成物的客观性,因此社会本身是一种客观存在,它包含物质内容和社会形式两个方面,是物质内容和社会形式的统一体。如果我们从自然和社会的双重方面来看,或者说,从西方哲学史的传统分析路数来看,那么社会就是既有自然属性即物质内容的一面,又有社会属性即社会形式的一面,可以说是"一体两面"。科恩援引马克思的四处原文,论证马克思是非常注意严格区分哪些是社会的(或经济的),哪些不是社会的(或经济的)[1]。其中一处非常经典的引文取自《雇佣劳动与资本》:"黑人就是黑人。只有在一定关系下,他才成为**奴隶**。纺纱机是纺棉花的机器。只有在一定的关系下,它才成为**资本**。脱离了这种关系,它也就不是资本了,就像**黄金**本身并不是**货币**,砂糖并不是砂糖的**价格**一样。"[2]这就是说,作为社会存在物的黑人本来就是黑人(皮肤黝黑的人),只是在一定的生产关系中才成为奴隶。黑人(皮肤黝黑的人)是黑人的物质属性,奴隶是黑人的社会属性。这也说明,一个对象在社会之中首先具有物质属性,只是在一定的社会关系之中,才具有社会属性。

社会属性会随着社会的发展变迁而改变,而物质属性则有长期的稳定性。当然,这不否认物质属性也会随着人化自然条件的变化而有一定的变化,但是相对而言要缓慢很多。马克思更多关注的是社会属性,所以,他强调从社会形式方面进行社会的分类和剖析,但是这并不是说他不关心社会的物质属性,毋宁说,他对物质属性的关心和对两者的区分是为了更好地论证社会属性。

---

[1] 对马克思来说,在资本主义社会的意义上,"社会的"即是"经济的","经济的"即是"社会的",因为资本主义社会就是经济社会,所以马克思经常交替使用"经济的"和"社会的"这两个概念。参见《马克思恩格斯选集》第1卷中的《哲学的贫困》《雇佣劳动与资本》等篇目,人民出版社,2012年。

[2] G. A. Cohen, *Karl Marx's Theory of Historical: A Defence*, Princeton University Press, 2000, p.88. 亦可参见《马克思恩格斯选集》第1卷,第340页。

第三章 生产力和生产关系

其二,定义社会的物质属性和社会的社会属性。社会作为人化自然,往往表现出其社会属性的一面,遮蔽其本身的物质属性。例如,人作为一切社会关系的总和,总是表现出一定的社会身份和特征;而实际上,人还具有其物质属性的一面,是具有一系列物理特征的存在物。那么,如何给社会的物质属性和社会属性定义呢?科恩指出,"那些喜欢'辩证法'语言的人会说:黑人既是又不是奴隶,机器既是又不是资本。但是,这些是含糊其词的表达"[①],并没有给出清晰的定义。

根据逻辑学上的定义方法,揭示事物本质属性的"真实定义"方法主要有四种,即"属加种差"定义、功用定义、关系定义和发生定义,后面三种本质上都是"属加种差"定义,即"被定义项=种差+邻近的属概念"。在这里,考虑到社会属性预设一个"社会"论域的存在,是对关系的理解,因此我们可运用"关系定义"方法来给它下定义。社会属性是指事物因为处于一定的社会关系之中而具有的属性,是事物的社会形态。社会属性只有在社会关系之中才具有,而不是事物本身纯粹具有的属性[②]。物质属性是指事物的天然属性、固有属性,是事物的自然形态,是指独立于其社会形态的属性。以社会生产为例来说,人和生产力构成社会生产的物质内容,属于它的物质属性方面;生产关系构成社会生产的形式特征,属于它的社会属性方面。可以说,物质属性是性质属性,而社会属性是关系属性。例如,就张某是教师而言,张某的物质属性就是指他具有一定的身高、肤色、质量和运动能力等自然特征,是一个具有某种质料性的存在物;张某的社会属性就是教师,是基于社会的认可以及他和学生的某种关系而具有的属性,但社会属性不是关系本身。

其三,对事物的属性区分不能割裂事物本身的整体性。科恩在这里的区分,一个主要方面是因为他认识到马克思比较强调事物的社会属性,他则重点指出事物的非社会属性方面。如果通过上面的分析,我们

---

① G. A. Cohen, *Karl Marx's Theory of Historical: A Defence*, p. 89.
② 当然,在这里必须注意理解上的合适性。关于这一点,下一段就会谈到。

认为事物就是社会属性和物质属性的综合体，那么就过于简单化了，因为"对事物的每一观点揭示一个独特的性质集合，但是该事物拥有全部的性质"①。换言之，事物是一个客观存在，它具有全部的属性，而我们的分析只是一种揭示事物性质的方法或者角度而已，我们不能本末倒置，以结果为缘起。

如果客观地评价，那么科恩的这一认识还是非常深刻的，他充分注意到分析只是一种认识事物的手段。虽然他没有对此进行深入的展开论述，也许是因为他考虑到其他的哲学家对此已经有很多论述，但是他想表明他的分析不是一种形而上学的片面描述，而是一种科学的分析方法。

其四，"物质属性推演不出社会属性"。虽然科恩区分了社会的物质属性和社会属性，但是他明智地指出"社会特性不可以从它们的物质特性推演出来，正像雕像的造型不能从它的材料推演出来一样"②。并且，科恩对这一命题给出详细的论证。首先，这里的"推演"指的是逻辑算符"→"（读作"蕴涵"）的语义，即在逻辑上"必然地推出"，而不是一种非演绎性推理。如果用 p 表示"物质属性"，用 q 表示"社会属性"，那么命题"物质属性推演不出社会属性"就可以表示为：¬(p→q)，它的意思是"并非(非 p 或者 q)"，也就是：p 并且非 q。把这个命题形式转换为命题，就是：物质属性并且非社会属性。根据科恩的属性二分法，社会的属性可分为物质属性和非物质属性（社会属性），那么这个命题"物质属性并且非社会属性"其实就等值于"物质属性并且物质属性"，也就是"$p \land p$"，即 p。这就从逻辑上证明，这个命题只是断定 p（物质属性），至于 q（社会属性）的存在与推演，并没有谈论。也就是说，一个物完全可以既是物质的又是社会的。例如，生产力在本性上是物质的，但是"我们决不能从中得出它们不是社会的"。这样分析的结果，就使逻辑分析与社会的存在论

---

① G. A. Cohen, *Karl Marx's Theory of Historical: A Defence*, p. 91.
② 同上书，第 91—92 页。

第三章　生产力和生产关系

命题合而为一；同时，也断定了物质属性的独立存在地位，即物质不依赖于社会形式而存在的性质。其次，"物质属性推演不出社会属性"这一命题也说明对社会本身双重属性的区分，并不能简单得出结论：生产力推演出生产关系。这一命题说明就生产力与生产关系之间的关系而言，尽管生产力具有**逻辑上**的首要性，但它们之间不是一种演绎关系，实质上是一种并列关系。为更好地说明这一点，科恩又列举不少事例。例如，从自然角度讲，性交只是自然机体的一些或者一系列动作，是一种物理的活动；但从社会属性讲，性交则是婚姻、通奸、性交易、恋爱等社会关系的活动。一个不争的事实是，我们无法从一个性交的现象推演出它的社会属性，因为它们之间不存在逻辑上的推演关系。

既然"物质属性推演不出社会属性"，那么如何把物质属性从人化自然的社会状况中区别出来呢？科恩指出："一个描述是社会的，当且仅当它需要把人——指明或不指明地——归属于相对于其他人的权利或权力。"很明显，在这里科恩是把社会属性归于一种实质的控制权或者形式的支配权，和隶属关系联系起来。这样一来，"他**能够**使用它，属于物质状况"；而"他是否有责任对某人这样做以及做到什么程度，则属于社会属性"①。他还列举一个事例来说明这一点。例如，我给你带了一件东西，我所做的事情本身不是社会的；但如果我是在执行协议，或者是根据你的权威才这么做，那么它就是社会的。"物质描述抓住的是一个从属于社会的自然"，也就是说，我们把物质方面的特征从社会形式中抽象出来进行描述是可能的，虽然人与自然之间的关系总是以社会形态为中介，而不是在社会形态之外。同时，事物的自然特征往往与一定的社会形态相联系，例如手推磨和前资本主义社会，蒸汽机和资本主义社会，尽管前者推演不出后者，但是前者往往可以决定后者，因为与手推磨相适应的生产关系不要求大量的具有人身自由权的劳动力供给，而与蒸汽机相适应的生产关系不可能仍旧具有人身依附性，它要求一种个体具有自

---

① G. A. Cohen, *Karl Marx's Theory of Historical: A Defence*, p. 94.

由选择权的雇佣劳动关系。这样，物质属性就从其所寓居的社会中获得一个可被清楚认识和界定的地位。

在将物质属性区别出来的时候，科恩举例说明，"纯粹的物质生产是一个'不能定义任何实际生产历史阶段的抽象概念'。内容不能脱离形式而存在，但这并不是减弱它的重要性"①。马克思也正是以使用价值表明物的物质属性，以价值表明物的社会属性，物本身则是使用价值和价值的统一体。这里，科恩在论述物质属性可以从社会属性中抽离出来被认识之后，又强调物质属性对社会属性的不可分离性。实际上，如果我们的理解没有错误的话，那么科恩想要表达的是：双重属性的区分只是认识社会和分析社会的一种逻辑手段，而不是对两者独立存在的一个主张。

对社会双重属性的区分和论述具有"革命的意义"。首先，它有利于思维认识上的深化，使社会这一概念的内涵更加丰富，使其外延界限更加清晰，从而使我们可以更加有效地分析资本主义社会形态。例如，在进行社会分类时，我们可以根据社会形式进行，也可以根据物质内容进行。前者如资本主义社会和社会主义社会等，后者如工业社会和信息社会等。其次，更为重要的是，它有助于对资本主义的深入批判。科恩指出，资产阶级的政治经济学家经常有意无意地把资本主义社会的物质和形式混合在一起，掩盖其剥削和社会形态阶段性的本质。例如，拜物教正是对商品和资本的物质属性和社会属性混合而产生的畸形怪胎，是对商品和资本现象的异化，是没有认识到物品、货币只有在一定的关系(市场经济关系)中才可能成为商品和资本，而把商品和资本当作其永恒的属性。科恩对此进行的详细分析，堪称是关于双重属性区分之运用的范例。最后，"马克思的革命理论也基本是运用自然的(即物质的或者内容的)和社会的(即形式的)之间的区分"，正如马克思在《资本论》第三卷中所说，"分配关系，从而与此相适应的生产关系的一定历史形式，同生产

---

① G. A. Cohen, *Karl Marx's Theory of Historical: A Defence*, p. 99.

力,即生产能力及其要素的发展这两个方面之间的矛盾和对立一旦有了广度和深度,就表明这样的危机时刻已经到来。这时,在生产的物质发展和它的社会形态之间就发生冲突"①。这就是说,正是社会的物质内容不断地发展,不断地超越其社会形式的束缚,当达到一定的度的时候,物质就会冲破不适合的社会形式的束缚,从而为新的社会形式的出场开辟道路。

二、隶属关系

"隶属关系"(subordination)是指对象之间所存在的隶属、部属、附属、主从、从属等这样的一种关系,它是一个非常重要的概念,是对不同经济形态中的生产者地位的本质把握。根据人类社会的经验事实,科恩提出隶属关系的三个基本特征,或者说在不同社会形态中隶属关系所表现出的三个共性特征:

其一,隶属者为被隶属者生产,而后者不为前者生产,但后者控制前者所生产的产品。这是从生产者地位或者说生产关系角度来说的,可以说是经济方面的隶属关系。譬如,无产者为资本家生产,但是产品全部由资本家控制;农奴为地主生产,但是,地主无偿占有(即没有发生物品的等价交换)农奴的部分产品。也就是说,隶属者是生产者地位,而被隶属者是消费者并且是无偿(或者部分无偿)消费者的地位,两者之间的交易关系是不公平的。

其二,在生产中,隶属者服从于被隶属者的权威,而后者不服从前者的权威。这是从生产中的权力关系方面来说的,可以说是政治方面的隶属关系。例如,奴隶在生产中服从于奴隶主或者奴隶主授权对象的权威,而后者指挥前者并且不需要服从于前者的权威。

其三,只要隶属者的生活依赖于他们与被隶属者之间的这种隶属关

---

① 《马克思恩格斯选集》第2卷,人民出版社,2012年,第654页。

系,那么他们就势必贫穷于后者。可以说,结构决定属性,因为属性总是一定结构中的属性。这种隶属的结构关系,决定了被隶属者可以比隶属者控制更多的产品,从而比后者更富裕。这个特征谈论的是隶属关系的后果,正是因为隶属关系才使隶属者和被隶属者具有了不同的后果承担;而这个后果承担的存在则进一步强化、固化已经存在的隶属关系。它的反命题就是,只有改变现存的隶属关系,才能改变它的经济后果。

经过这样的分析,我们就明白,隶属关系的这三个特征,一个是谈经济地位,另一个是谈政治地位,最后是谈这个关系结构的必然后果。在这三个特征中,可以看出,起决定作用的因素还是对生产力(或者生产力的一部分即生产资料)的控制权,谁控制了生产力,谁就处于被隶属者地位;否则,就处于隶属者地位。这是一个结构模型,无论社会形态是怎么样的,它都普遍地适用。所以,人类社会发展到今天,情况还是这样:如果一个人或者阶层的人身或者劳动力或者生产资料从属于或者依赖于另外一个人或者阶层,那么他(或者他们)就处于隶属者地位。即使物质极大丰富的情况下,如果隶属关系存在,那么隶属关系的后果就自然存在。

也许有人会对隶属关系提出质疑,认为隶属关系的双方是互惠的平等关系,或者至少是基于自由选择的互存关系,而不是隶属关系。这一观点在当代自由主义理论中有着非常广阔的市场,从诺齐克的著作中就能读到。比如说,地主为农奴提供保护,而农奴为地主提供粮食;无产者为资本家提供劳动力,而资本家付给工人工资;等等。对于这样的质疑,科恩的回答是:"虽然一定程度上在特权者与隶属者之间存在交换关系,在隶属关系中也有某些正义,但并不是没有隶属关系。"[1]也就是说,隶属关系的具体类型和具体表现可能是由其所处时代的生产力状况所决定,是一种必要的调节,但是这并没有减弱隶属关系的存在,反而是加强隶属关系。换言之,这是两个不同的命题,前者是结构内容,后者是结构本

---

[1] G. A. Cohen, *Karl Marx's Theory of Historical: A Defence*, p. 70.

身;尽管结构的具体存在离不开内容,但是内容并不影响结构的关系。所以说,前者不但不影响后者的有效性,并且加强后者的有效性。科恩进一步指出,奴隶和农奴正是由于没有对生产力的占有权而处于隶属地位,无产者则因为没有生产资料而处于隶属地位。反过来说,如果他们拥有对生产力的占有权、拥有生产资料,那么他们的地位就会发生变化。历史的经验事实也是这样证明的。至于如何获得这种占有,则是另外一个需要论证的命题。

科恩对隶属关系的直接论述并不算多,但是不能因此说它是一个不重要的概念。正如在命题演算系统的构建中,初始符号、初始规则和公理一般并不多,但是它们是整个系统构造的基础和出发点,他们在逻辑上蕴涵着该系统内所有的定理。隶属关系就是这样的一个概念。首先,对隶属关系的讨论,有助于对生产力和生产关系的概念分析,甚至有助于对"合法性问题"的解答(参见第五章)。其次,隶属关系实际上是一种权力关系,是对象之间的实际支配关系,而不是权利关系,不是对象之间的法律关系。通过运用隶属关系,可以进一步回答社会双重属性中的那个问题:为什么从物质属性推演不出社会属性?因为从"是"推不出"应该",从权力关系推演不出权利关系。最后,需要注意的是,隶属关系和阶级关系非常相似,都是一种结构关系,但它们有不同之处。如果用集合论的语言来说,隶属关系强调元素之间的微观层面关系,阶级关系强调元素与集合、集合与集合之间的宏观层面关系。也就是说,隶属关系强调分子与分子、类与类之间的关系,阶级关系强调个体与群体、元素与集合之间的关系。显然,它们是两种不同的关系。

既然隶属关系不同于阶级关系,并且隶属关系是一种权力关系,那么隶属关系和经济社会发展之间是什么关系?它是后者的必然伴随物吗?对后一个问题的回答显然是否定性的。在(我们所考证的)原始社会中,人与人之间是一种平等的关系,可以说,大家同属于一个共同体(氏族、部落),人与人之间是平等的经济和政治关系,互相没有隶属关系,或者说是每个人都隶属于共同体,而个人与个人之间是一种平等的依赖关系;因此在那种经济结构中,人与人之间没有哪一个比另外一个更富裕。进入奴隶社会后,人与人之间有了隶属关系,一个人可以凭借某种条件成为另外一个人的主人,像人是狗的主人一样,一个人(奴隶)整个地隶属于另一个人(奴隶主),在某种程度上,隶属者降低为会说话的工具。封建社会中农民有了部分的自由权,但仍然因为土地这个重要生产资料的所有制关系而隶属于地主。到了资本主义社会,工人有了完全的人身自由权,不隶属于某个特定的资本家,但是他们因为没有生产资料而隶属于整个资产阶级。工人可以任意选择一个工厂(公司)进行劳动,但是在整体上和在每个具体的生产过程中都是隶属于资本家阶级的,生产关系中的人与人之间仍然主要是一种隶属关系。在当前的社会主义社会中,因为生产力还没有发达到足以消除隶属关系的地步,身份地位、商品市场和资本差距等都还存在,所以工人还是隶属于官僚阶层或者生产资料的所有者。只有到共产主义社会,人与人之间才能消灭隶属关系,重新恢复一种平等关系,一种新型的平等关系,社会成为自由人的联合体。因此,隶属关系并不是经济社会发展的必然伴随关系,而像阶级一样是社会发展到一定阶段的产物,是一个历史的关系存在。

在科恩的论述中,隶属关系的变化是衡量无产者地位变化的一个重要标志。他说:"只要隶属关系的减弱是实质性的,我们也就可以说无产者的地位发生了变化。随着自信心的增强,工人们可以用增强了的交易能力,开始从资本家手里夺取对生产资料的控制权,当然,这不是说,向社会主义经济的过渡可以不要超出直接经济关系的政治行动。"①这表明,在科恩看来,社会的进步就是生产者对非生产者的隶属关系的变化过程,是减弱生产者对非生产者的隶属关系而向自由人前进的过程。所以,隶属关系是衡量社会进步程度的一个重要标尺。

---

① G. A. Cohen, *Karl Marx's Theory of Historical: A Defence*, p. 70.

第二节 生产力

生产力是历史唯物主义最重要的概念之一,因为在质料的意义上,历史就是生产力不断发展的历史。关于生产力这个概念,有三个基本的问题,那就是:生产力的定义,生产力的构成,以及关于生产力的基本命题。在这里,我们主要对前两个问题进行论述和阐明,第三个问题将在第四章中得到专门的讨论。

一、在经济结构中定义生产力

关于生产力,有各种各样的定义和理解,虽然许多定义在语句的表达上似乎相差不大,但往往是差之毫厘,谬以千里。下面,我们先来看看科恩是怎样谈论生产力的。

科恩首先从语源方面来分析生产力概念,他认为马克思的文本用语 Produktivkräfte 通常被翻译为"生产力"(productive forces)是不确切的,应该翻译为"生产能力"(productive powers),他特别在注释中为这个翻译问题提供了证据:"其实,正如瑟伯恩(Göran Therborn)指出的那样,Produktivkräfte 最初是马克思翻译自斯密和李嘉图的 Productive powers",但问题是,"正是马克思本人在用法语时写成 forces productives"。更为戏剧性的事情是,马克思在《哲学的贫困》中既用 forces productives 又使用 pouvoirs productives①。很显然,科恩在这里想表明的是,尽管这个混乱翻译源起于马克思本人,但是生产力仍应该指向生产的能力(productive powers),而不是生产的力量(productive forces)。从词义来看,这两者之间有明显的区别,前者侧重做事或者行

---

① 参见 G. A. Cohen, *Karl Marx's Theory of Historical: A Defence*, p. 37。

动的能力,包括权力、支配力和影响力,指一种抽象的力量;后者侧重"力"的实际效果,包括力、力量和自然力,指一种强制力。

如果单从词源考证学的意义上来说,问题似乎可以结束了。但是可贵的是,科恩没有停止分析的进路,他进一步指出:"虽然翻译为'生产力'不如'生产能力'确切,但后者却不能确切地用于马克思指称'生产能力'(Produktivkräfte)的所有地方,因为这个德文词语本身不能确切地适用于它所应用的所有条款。"①这样一来,为了保证理论的一致性,"生产力"(productive forces)又成了一个尽管翻译不确切但却最合适的概念,因此,遵循惯例,科恩也使用这个表达方式。

在清理生产力的语源问题之后,科恩对生产力概念做出细致的分析。在他那里,生产力概念至少包含以下三层含义②:

(1) 生产力是一种力或者能力,但它不是关系,不是对象之间所具有的某种东西,而是对象的属性。

(2) 为了有资格成为一种生产力,设备(facility)必须能够被生产者以下面的方式来使用,即生产的发生(部分地)是使用它的结果,并且,设备这样被用于生产是某人的目的。

(3) 一个项是不是生产力,不依赖于它的实体性(它在物理上是怎样的),而是依赖于它是否按照生产的物质特性而有助于生产。

其中,(1)是外延方面的界定,说明"生产力"和"力"在外延上是真包含于关系,即生产力是一种力,但力并非都是生产力;同时,把生产力和生产关系区分开来,因为生产力不是一种关系,所以,生产力和生产关系在外延方面是全异关系,这就排除了生产力属于生产关系,进而属于由生产关系构成的"经济结构"的观点。(2)指出一种东西成为生产力的必要条件,也就是说,一个东西只有被人有目的地用于生产并且生产的进行(至少部分)是因为使用这个东西的结果,这个东西才有资格成为一种生产力。并且,

---

① G. A. Cohen, *Karl Marx's Theory of Historical: A Defence*, p. 37.
② 参见同上书,第28、32、47页。

第三章 生产力和生产关系

生产力被"限定为用来生产物品的"①力,以区别于促进生产的手段。更难能可贵的是,科恩在这里谈到人的目的,说明他认识到生产力与人的意图之间的关系。他指出生产力不是空洞的理性制式的生产力,而是现实的人的生产力。(3)是一个充分条件,也就是说,如果一个东西由于生产的物质特性而有利于生产,那么它就是生产力,而不是取决于这个东西的实体性状况。反过来说,即使一个东西是物质的,但如果并非因为生产的物质特性而是因为生产的社会属性才有利于生产,那么这个东西就不必然是生产力。譬如,维护社会秩序的军队,防止奴隶逃跑的围墙,虽然它们都有利于保证生产的正常进行,但它们不是生产力,因为它们缘于生产的社会属性,而不是其物质属性。可见,正是基于社会的双重属性划分,科恩辨析出"生产的手段"与"促进生产的手段"这两个概念之间的差异。

根据上面的分析,科恩给出生产力的一个精确定义,即:

x 是生产力,仅当 x 的所有权(或者非所有权)有助于决定 x 的所有者在社会经济结构中所占的地位。②

这是科恩明确给出的生产力定义,虽然只是一个条件定义,一个描述定义,不是一个严格的逻辑学意义上的"属加种差"定义,但是,在这里科恩指明对生产力进行定义的两个前提规定:一是经济结构,另一个是生产关系。也就是说,科恩的生产力定义是在经济结构的框架中进行的。把生产力放在经济结构之中来定义,从而保证基本概念之间在定义上的一致性,使有关的基本概念之间不容易发生自相矛盾或者含混不清的问题。所以,科恩将生产力概念置于经济结构的大框架之中,和生产关系一起来谈论生产力概念,而不单独抽象地谈论生产力概念,因为那样也不符合历史本身的逻辑。科恩的生产力定义将生产力和主体(劳动

---

① G. A. Cohen, *Karl Marx's Theory of Historical: A Defence*, p. 32.
② 同上书,第 41 页。

者)结合起来,说明他(至少在这里)切实领悟到马克思思想的真谛,生产力是社会的生产力,不能做抽象的形式逻辑演绎,不能"形式逻辑地"谈论生产力。同时,科恩反驳了生产力是生产关系的一个子集的观点,他认为"生产力不是一种生产关系"。在他看来,生产力强有力地决定经济结构的特点,而不是后者的组成部分,但生产关系是经济结构的构成要素。

这样,尽管科恩没有给出一个逻辑上明确的生产力定义,但从上面的论述中,我们可以归纳出一个符合其本意的生产力定义:

生产力是按照生产的物质属性有助于进行生产劳动的事物所具有的属性,并且这一属性的所有权状况有助于决定其所有者在社会经济结构中的地位。

从这个定义出发,我们就可以知道,生产力的内涵是一种对象属性。既然是对象属性,那么就不是对象,虽然对象可以具有属性,但毕竟对象不是属性。如果具体分析,那么生产力这一概念至少包括上面论述过的三层含义。生产力的外延是:根据生产的物质属性对生产活动做出物质贡献的对象属性范围,比如:劳动能力、物质生产力、精神生产力等,但是生产力的外延不包括劳动者、劳动资料和劳动对象,也不包括生产活动,因为这些或者是对象或者是过程,而不是属性,所以它们不能归入生产力的外延,但是它们可以是构成生产力的要素。

上面是科恩关于生产力定义的观点,它在分析的马克思主义者中影响最大。下面我们来看看另一个著名的分析的马克思主义者肖是怎么定义生产力的。肖在其代表作《马克思的历史理论》中指出:"生产力是那些在生产过程中既是基本的又是本质的要素,不是在广义上包括对社会进行生产而言必要的所有活动和要素,而是在狭义上包括劳动过程的简单因素——就是说,那些由分析表明为构成直接生产过程本身的因素。……任何劳动过程都包括劳动力和生产资料;这些要素将被看作构成马克思所理解的'生产力'。"[①]请注意,"构成生产力"和"是生产力"是两个不同的表达,

---

① W. H. Shaw, *Marx's Theory of History*, p. 10.

前者谈论的是整体与部分之间的关系,如:"马头"和"马",马头是马的构成部分,但是,马头不是马;后者谈论的是分子和类、小类和大类之间的关系,如:"白马"和"马",白马是马,但是,白马不是马的构成部分(即内涵角度的分析),而是马的一个种类(即外延角度的分析)。正是注意到这样的区别,肖在后面谈论到劳动力时写道:"在马克思那里,生产力经常指**劳动生产力**。劳动或者创造生产资料,或者在劳动过程中占用生产资料。与此同时,劳动的技能和知识得到发展。生产资料在很大程度上只是劳动生产能力的物质表现。"接着他援引马克思在《政治经济学批判》(1857—1858)中的论述:"自然界没有制造出任何机器,没有制造出机车、铁路、电报、走锭精纺机等等。这些是人类劳动的产物;是变成了人类意志驾驭自然的器官或者人类在自然界活动的器官的自然物质。它们是**人类的手创造出来的人类头脑的器官**;是物化的知识力量。"[①]这样,肖和科恩的生产力定义在本质上是一样的,都是劳动生产能力,是一种属性,而不是实体或者关系。同时,肖强调生产力是一种人化自然的能力,是一种对象化的力量。关于生产力的哲学思考,我们就此打住,因为这不是这里的目标。

下面来看看传统的马克思主义观点是怎么定义生产力的。

在我国的学习和研究中,一种流行的观点是:生产力是"人们在劳动过程中形成的解决社会和自然之间矛盾的实际能力,是改造自然和影响自然并使之适应社会需要的客观物质力量"[②]。这是我们非常熟悉的一个观点,这个命题也肯定了生产力是一种能力,一种力量,但是其描述过于宽泛,这个定义是从自然和社会的框架背景中来定义生产力的,未尝不可,但是比科恩从经济结构和生产关系的背景中定义生产力明显宽泛很多,这就好比分别以生物为属概念和以人为属概念来定义学生一样,前者过于宽泛,不是说不可以,只是说不够恰当和精确,所以,这至少不

[①] W. H. Shaw, *Marx's Theory of History*, p. 14. 对马克思的论述的援引亦可参见《马克思恩格斯全集》第 46 卷(下),人民出版社,1980 年,第 219 页。
[②] 肖前等:《历史唯物主义原理》,人民出版社,1991 年,第 98 页。

是一种精确的描述。这在《辞海》中也有类似的陈述："生产力,亦称'社会生产力'。人们征服自然、改造自然的能力。表示人们在生产过程中对自然界的关系。它和生产关系是社会生产不可分割的两个方面。"①这个定义把生产力主要归结为社会生产力,从狭义上讲,是可以的。但是,从广义上讲,个体劳动力也是一种生产力。同时,和前面的那个定义一样,这个定义没有注意到各种"力"之间的区别,也未能区分清楚"力"和"关系"这两个不同的概念。值得肯定的地方是,它是在社会生产中理解生产力,注意到了生产力与生产关系之间的不可分割性。

那么到底应该怎样定义生产力呢?我们来看马克思本人是怎样说的。马克思说:"生产力当然始终是有用的、具体的劳动的生产力,它事实上只决定有目的的生产活动在一定时间内的效率。"②马克思对劳动力的理解则是:"我们把劳动力或劳动能力,理解为一个人的身体即活的人体中存在的、每当他生产某种使用价值时就运用的体力和智力的总和。"③在这里,我们可以读出两点:一是马克思肯定了生产力是劳动生产力,而不是远离劳动的抽象存在物。但是,我们不能混淆劳动力和生产力这两个概念,前者侧重个体劳动者的生产能力,后者侧重社会的生产能力。在松散的表达中,我们甚至可以说,生产力包含劳动力,所有的劳动力都是生产力,但并非所有生产力都是劳动力。这句话是在何种意义上谈论的呢?它是在内涵意义上,而非在外延意义上。关于这一点,我们将在接下来"生产力的构成"这一部分中详细论述。马克思指出:"生产力表现为一种完全不依赖于各个个人并与他们分离的东西,它是与各个个人同时存在的特殊世界,其原因是,个人(他们的力量就是生产力)是分散的和彼此对立的,而这些力量从自己方面来说只有在这些个人的交往和相互联系中才能成为真正的力量。"④也就是说,作为个体意

---

① 《辞海》,上海辞书出版社,1999年,第1880页。
② 《马克思恩格斯选集》第2卷,第105页。
③ 同上书,第164页。
④ 《马克思恩格斯全集》第3卷,人民出版社,1960年,第75页。

义上的生产力,劳动力只有在社会之中,才能成为真正的生产力。而社会生产力是一种完全不同于个体劳动力的生产力,就好比一个集合的属性根本不同于其构成元素的属性一样。二是马克思强调把生产力和使用价值的生产结合起来。这既说明马克思是在生产过程中讨论生产力,不是孤立地抽象地谈论生产力,又说明马克思是将生产力看作是一种物质属性或者能力,与它的社会属性区别开来。同时,生产力和劳动生产率有直接的关联,劳动生产率是生产力水平的一个重要标志。

二、生产力的构成

在前面我们阐述了科恩关于生产力定义的独特观点,以及他与其他人观点之间的异同,下面我们来看看科恩是如何从微观层面具体分析生产力的构成要素的。

首先,科恩认为生产力的构成主要包括生产资料和劳动力,而反对生产力包括生产资料和劳动者的观点。因为劳动者是一个实体对象,而力是一种能力,尽管劳动者可以具有能力,但是实体怎么会是一种能力呢? 显然不能! 所以,作为生产力要素的应该是劳动力,而不是劳动者。这样,就将生产力的构成和劳动过程的构成区分开来。虽然马克思没有明确地说生产力的构成要素是哪些,但是马克思在《资本论》中明确指出:"劳动过程的简单要素是: 有目的的活动或劳动本身,劳动对象和劳动资料。"[1]这表明,传统马克思主义对这个问题的混淆主要是因为对"能力"和"过程"概念的混淆。

对科恩给出的两个生产力图进行整理,我们可以得到下面的生产力图(图3.1)[2]。

---

[1] 《马克思恩格斯选集》第2卷,第170页。
[2] 参见 G. A. Cohen, *Karl Marx's Theory of Historical: A Defence*, pp. 32,55。

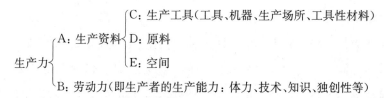

图 3.1　科恩的生产力归纳图

在图 3.1 中，C 指生产力发生所借助的器具，D 指生产力的作用对象，E 指生产力发生的场所，B 指什么能使 C 作用于 D。这样，生产力就是劳动力作用于生产资料所产生的能力。其中，作用发生的器具（或者说媒介）至关重要，因为不同的生产工具可以极大地影响甚至决定作用力的大小，所以，生产工具是生产力大小的一个重要标志。

其次，科恩强调区分"生产的手段"和"促进生产的手段"。前者是"生产物品的"；后者是社会的，不是生产所必需的，而是社会所必需的。尽管生产是在一定社会形式中进行的，但是生产仍有必需的要素和非必需要素之分。前者如劳动力、生产工具等；后者如军队、法庭等。

关于这一点，另外一个分析的马克思主义者肖也进行了基本相同的区分，他说："'生产力'不是被规定为生产所必需的东西——因为许多东西，像法律或者士兵，对于生产的顺利持续进行也可以是必需的——而是被规定为那些成为实际劳动过程基本要素的东西，那些在这个过程中被使用的因素。"[①]肖没有像科恩那样列出一个明确的生产力表，但通过对肖的观点进行分析整理，我们可得到他的生产力图[②]（图 3.2）。

$$\text{生产力}\begin{cases} A：生产资料 \begin{cases} C：劳动资料 \\ D：劳动对象 \end{cases} \\ B：劳动力 \begin{cases} E：科学 \\ F：协作 \end{cases} \end{cases}$$

图 3.2　肖的生产力归纳图

---

① W. H. Shaw, *Marx's Theory of History*, p. 18.
② 参见同上书,第 10 页。

第三章 生产力和生产关系

科恩和肖都对生产力的构成进行了比较细致的分析,在很多方面他们的观点相同,并且许多观点与传统马克思主义的理解也是一致的,但是他们的重新表达或重构更加严格。下面,我们主要分析他们的观点中具有特别意义的方面。

其一,在具体分析生产力要素之前,我们要知道,生产力的构成是在什么意义上被谈论的?是在内涵意义上还是在外延意义上?如果是在内涵意义上,它就可以是基本要素的分析。例如,马由马头、马身、马尾和四肢等四部分构成,虽然其中每一部分(如马头)不等同于马,但组合起来就是马,事物与事物的要素之间是整体和部分的关系。如果是从外延意义上进行构成分析,那它的每一部分就必须都是被分析的对象,每个划分出来的项(子项)与被划分项(母项)之间都是分子和类的关系。例如,我国法律包括宪法、民法、刑法、行政法和其他法律,其中的每一部法律(如民法)都是法律。那么,科恩和肖是在哪个意义上分析生产力构成呢?很显然,他们都是在内涵意义上谈论生产力。劳动对象不是生产力,但是它可以作为构成生产力的要素,就像马尾不是马,但是它可以作为构成马的要素一样。

其二,科恩和肖都认为,生产力由劳动力和生产资料构成,其中,"生产资料指物理的生产资源:工具、机器、原材料和生产场所,等等。劳动力不仅包括生产者的体力,而且包括他们的技能和他们在劳动时所运用的(并不需要理解的)技术性知识"[1]。在生产过程中,这两者不可分离,因为"把生产分解为两个因素,即作为劳动的承担者的人和作为劳动对象的土地(其实就是自然),这也完全是抽象的"[2]。"不论生产的社会形式如何,劳动者和生产资料始终是生产的因素。但是二者在彼此分离的情况下只在可能性上是生产因素。凡要进行生产,就必须使它们结合起

---

[1] G. A. Cohen, *History, Labour, and Freedom: Themes from Marx*, Princeton University Press, 1988, p. 4.
[2] 《马克思恩格斯全集》第32卷,人民出版社,1998年,第109页。

来。实行这种结合的特殊方式和方法,使社会结构区分为各个不同的经济时期。"①所以说,生产资料是生产力的构成,但不是生产力,因为它是实体,并且它的独立存在并不能产生生产力。当然,这并不否认生产资料可以表现生产力的发展水平。同样,劳动力虽然是一种力,并且它能够产生生产力,但是,如果不存在其能够作用于其上的生产资料,那么劳动力无法单独地成为生产力。

其三,在对生产资料的论述中,科恩和肖都尝试使关于生产资料的划分更加细致和精确。我们知道,生产资料就是生产过程中用来加工劳动对象的资料,主要是指生产工具。肖进一步指出:"被马克思称为劳动资料的那部分生产资料,通常被译为'劳动工具',但是在广义上,它应该被理解为'劳动资料',包括为进行劳动过程所必需的一切对象——厂房、运河、道路,甚至土地本身。劳动资料可以是活动的或者不活动的。"②也就是说,劳动资料不仅包括我们常说的劳动工具,还包括劳动过程所必需的其他一切资料,因此,在外延方面,"劳动工具"与"劳动资料"之间是真包含于关系。而劳动对象,通常指生产过程中被加工的对象,既包括原材料(Rohstoff),即天然的、未经加工过的劳动对象,如树木、矿石、野兽等,也包括原料(Rohmaterial),即已经被先前劳动加工过的对象,如盖房屋时使用的砖、沙石等。关于"原料"这个概念,科恩给出与马克思不同的解释。马克思说:"一切原料都是劳动对象,但不是一切劳动对象都是原料。劳动对象,必须已经由劳动引起变化,方才是原料。"并且,"……曾经过去劳动滤过的劳动对象,我们就名之为原料"③。这表明,马克思认为:(1)"原料"和"劳动对象"在外延上是真包含于关系;(2)"加工"是"劳动对象成为原料"的充要条件(即充分必要条件)。对于(1),科恩是肯定的;对于(2),科恩则是否定的。他认为,"马克思区分真

---

① [德]马克思:《资本论》,第 2 卷,人民出版社,2004 年,第 44 页。
② W. H. Shaw, *Marx's Theory of History*, p. 11.
③ 《马克思恩格斯全集》第 44 卷,人民出版社,2001 年,第 212 页。

正的原料和其他劳动对象的标准是不正确的"①。他的例子是,如果森林不是原始生长而是人工种植的,也就是说,是经过劳动过滤的,那么对于伐木工业来说这些木材并不是原料,而是原材料。如果科恩的这个例子成立,那么它说明"加工"并不是"劳动对象成为原料"的充分条件。还有一个例子:如果一棵树干未被砍伐过而直接被用来雕刻成图腾,那么它是原料而不是原材料。如果科恩的这个例子成立,那么它说明"加工"也不是"劳动对象成为原料"的必要条件。这个划分上的差异性,是因为科恩对原料的界定不同于马克思。科恩对"原料"的界定是,某物只有当它成为被改造的对象时,它在劳动过程中才是原料,而与它先前是否被加工过无关;"我们用'原料'确切地指被提炼的、被输送的和被改造的材料"②。

其四,科学是一个重要的生产力概念。在科恩看来,科学或者属于生产力,或者属于其他的东西。可以确知,科学不是意识形态,因为意识形态属于非科学;科学也不是上层建筑,因为知识不是制度。所以,科学只能属于生产力。科恩明确指出:"劳动力是一种生产力,劳动力的一个方面是可用于生产的知识。因此,可以用于生产的科学知识是一种生产力。……在生产力发展的高级阶段,其发展是与可用于生产的科学的发展合二为一的。"③这表明,科恩并不认为所有的科学知识都是生产力,而主张那些**可用于生产的科学知识才是生产力**。考虑到生产力主要是指物质生产力,那么可用来生产的科学知识怎么能是生产力呢?科恩的办法是诉诸前文所述的生产力含义(3)"一个项是不是生产力,不依赖于它的实体性(**它在物理上是怎样的**),而是依赖于它是否按照生产的物质特性而有助于生产"。科学符合这个含义,并且符合那里给出的生产力含义(1)和(2),因此,科学是生产力。

---

① G. A. Cohen, *Karl Marx's Theory of Historical: A Defence*, p. 39.
② 同上书,第40页。
③ 同上书,第45页。

其实,关于科学是一种重要的生产力这个命题,我们并不陌生,马克思和恩格斯对此都做过大量的论述。例如,马克思在《经济学手稿(1861—1863年)》中说:"生产过程中劳动的分工和结合,是不费资本家分文的机构。资本家支付报酬的,只是单个的劳动力,而不是他们的结合,不是劳动的社会力。科学的力量也是不费资本家分文的另一种生产力。"①这里,马克思就明确指出科学是一种生产力。恩格斯在《政治经济学批判大纲》中写道:"人类所支配的生产力是无穷无尽的。应用资本、劳动和科学就可以使土地的收获量无限地提高。……科学又日益使自然力服务于人类。这种无穷无尽的生产能力,一旦被自觉地用来为大众造福,人类所肩负的劳动就会很快地减少到最低程度。"②可见,科学是一种重要的生产力。进而言之,我们熟知的命题"科学技术是第一生产力"③,它的意思是说,解决基础理论问题的科学和解决实际应用问题的技术是生产力的核心要素,它们既体现在劳动者的智力和体力中,又体现在生产工具中,科学技术成为生产力发展的革命性力量,因此可以说,科学技术是第一生产力。

在这里,需要注意的是,科学技术是和劳动力不可分割的科学技术,是生产过程中的科学技术。如果将科学技术从两者中抽离出来,那么它就不是生产力。同时,人类历史已经证明,科学技术是国家生产力发展水平的重要标志。我们知道,1825年世界上第一列火车在英国诞生,1886年世界上第一辆汽车在德国诞生,1903年世界上第一架汽油动力飞机在美国飞行,1946年第一台计算机在美国宾夕法尼亚大学诞生,1969年(互联网的前身)阿帕网在美国诞生,随着这些因科学技术发展而产生的新工具,相关国家的生产力就得到极大的提高。同时,电视纪录片《大国兴衰》中谈到一个国家的强大往往主要是因为民

---

① 《马克思恩格斯全集》第47卷,人民出版社,1979年,第553页。
② 《马克思恩格斯文集》第一卷,人民出版社,2009年,第77页。
③ 参见《邓小平文选》第三卷,人民出版社,1993年,第274页。

主制度的确立加上科学技术创新再加上文化复兴所致,但是为什么这些国家后来衰落了呢?原因总是复杂多样的,但一个主要的共同原因就是科学技术的停滞。因为科学技术一旦处于停滞状态,那么以其为核心的生产力就容易停滞不前,从而国家和社会就容易在实质意义上停滞不前。

其五,"科学和生产过程的关系与另外两个因素进一步交织在一起,即:对自然力的引进和使用,以及协作劳动的社会性质"①。关于协作,正如马克思曾经论述的那样:"一个骑兵连的进攻力量或一个步兵团的抵抗力量,与单个骑兵分散展开的进攻力量的总和或单个步兵分散展开的抵抗力量的总和有本质的区别,同样,单个劳动者的力量的机械总和,与许多人手同时共同完成同一个不可分割操作(例如举起重物、转绞车、清除道路上的障碍物等)所发挥的社会力量有本质的区别。在这里,结合劳动的效果要么是个人劳动根本不可能达到的,要么只能在长得多的时间内,或者只能在很小的规模上达到。这里的问题不仅是通过协作提高了个人生产力,而且是创造了一种生产力,这种生产力本身必然是集体力。"②马克思在这里主要论述协作的社会性质;并且表明,协作劳动产生的生产力,不是单个个体简单相加就能够达到的,它创造一种新的生产力——社会生产力。所以说,协作是一个非常重要的历史唯物主义概念,协作劳动对于生产力的发展意义重大。在"协作"这个问题上,科恩几乎没有对它进行什么论述,而肖对之进行了分析。肖的观点主要有两个:一是"大规模的协作是一种赋予劳动社会性质的东西"③。协作涉及协作的过程和协作的制度、原则、方法等,前者是生产关系的要素,后者是生产力中的智力要素,这两者都会直接影响到生产力。正如马克思在论述资本主义企业内部的协作时指出:"协作这种社会劳动生产力,表现

---

① W. H. Shaw, *Marx's Theory of History*, p. 23.
② 《马克思恩格斯全集》第 23 卷,人民出版社,1972 年,第 362 页。
③ W. H. Shaw, *Marx's Theory of History*, p. 23.

为资本的生产力,而不是表现为劳动的生产力。而且这种在资本主义生产内部发生的转换涉及所有社会劳动生产力。"①二是"协作能扩大生产效率,但它本身不是一种生产力"②。因为协作只是一种组织形式、组织关系或者原则、制度,但它本身不是一种力。可以说,这些观点大体上是符合马克思的思想的。

第三节 生产关系

一、生产关系的结构分析

马克思有关生产关系的一段经典文本是:"人们在生产中不仅仅影响自然界,而且也相互影响。他们只有以一定的方式共同活动和互相交换其活动,才能进行生产。为了进行生产,人们相互之间便发生一定的联系和关系;只有在这些社会联系和社会关系的范围内,才会有他们对自然界的影响,才会有生产。"③

上面那段话至少包含有三层意思:其一,生产是以社会方式进行的。生产不是单个人的抽象活动,而是社会的集体活动。如果不以社会方式进行,人类就无法进行生产。其二,生产关系是人们在生产中结成的社会关系,也是为了生产而不得不结成的社会关系,所以说,生产关系是生产得以进行的社会形式。其三,人与人之间的社会联系和社会关系是人与自然界发生关系的逻辑前提。可以说,没有人类社会,就没有人类的自然界。这里,正是把历史唯物主义放到了哲学的根基上,而不是把自然界的规律推向社会领域。那么,从这里是否就导向了生产关系本体论

---

① 《马克思恩格斯全集》第32卷,第295页。
② W. H. Shaw, *Marx's Theory of History*, Stanford University Press, 1978, p. 24.
③ 《马克思恩格斯选集》第1卷,人民出版社,1995年,第344页。

第三章　生产力和生产关系

呢？马克思接下来的一段话就可以打消这样的错误推断,他说:"生产者相互发生的这些社会关系,他们借以互相交换其活动和参与全部生产活动的条件,当然依照生产资料的性质而有所不同。随着新作战工具即射击火器的发明,军队的整个内部组织就必然改变了,各个人借以组成军队并能作为军队行动的那些关系就改变了,各个军队相互间的关系也发生了变化。"①这里的论述表明,虽然生产关系是人类对自然界关系的逻辑前提,但是生产关系的变化还要以生产力的变化为前提。或者说,正是生产中的物质因素决定了其中的社会因素。

如果说这是马克思对生产关系的一个宏观表述的话,那么分析的马克思主义者又是如何逻辑地分析的呢?

科恩给出了明确的生产关系定义:"生产关系或者是人对于生产力或人的所有权关系,或者是以这样的所有权关系为前提的关系。"②他同时指出:"生产关系是对人和生产力的有效权力关系,不是法律上的所有权关系。"③这说明,科恩非常注意区分"权力"(power)和"权利"(right)这两个概念,并且他经常在"权力"而不是"权利"的意义上使用"所有权"(ownership)这一概念,即所有权是一种实际的权力,而不是一种拟制的权利。肖赞同科恩关于生产关系的这一观点,他同样认为生产关系是"生产在其中进行的那些关系。尽管这种关系有着不同的种类,但生产力——与人一起——却是一切生产关系共同具有的项,并且,正是这一点,为马克思的历史变革理论提供了一个概念上的经济层次"④。

科恩认为,在生产关系的结构中,"只有人和生产力是受生产关系制约的项。所有的生产关系或者是一个人(或者一组人)和另一个人(或者另一组人)之间的关系,或者是一个人(或者一组人)和一种生产力(或者

---

① 《马克思恩格斯选集》第 1 卷,第 340 页。
② G. A. Cohen, *Karl Marx's Theory of Historical: A Defence*, pp. 34-35.
③ 同上书,第 63 页。
④ W. H. Shaw, *Marx's Theory of History*, p. 28.

一组生产力)之间的关系。换句话说:一个生产关系联结着至少一个(组)人项和至多一个(组)生产力项,并且没有其他类型的项"①。可见,在科恩看来,生产关系是人对于人或者人对于生产力的函项。我们不妨把生产关系表示为:$R(p, p) \vee R(p, f)$,其中,p 表示人,f 表示生产力,R 表示一个关系函项。

如果说上面给出了"生产关系"的内涵,那么历史事实又为"生产关系"这个概念提供了哪些外延呢?为回答这个问题,科恩列举了历史上典型的 10 种生产关系[②]:

(1) ……是……的奴隶　　(2) ……是……的主人

(3) ……是……的农奴　　(4) ……是……的地主

(5) ……被……雇用　　　(6) ……雇用……

(7) ……占有……　　　　(8) ……不占有……

(9) ……出卖劳动力给……(10) ……有责任为……工作

科恩指出,上面的(1)—(4)和(9)、(10)仅仅关涉人与人的关系;(5)—(8)关涉人与人以及人与物(生产力)的关系,即(1)—(10)都和人与人的关系有关。这表明,生产关系中最基本的关系就是人与人之间的关系,而人与物的关系则是一定的历史条件下的产物,它会随着历史条件的变化而变化。在这里,这个历史条件指资本主义。正是在资本主义制度下,人从"为人所奴役"变化为"为物所奴役",人异化为物的奴隶。

如果我们根据函数关系,这种关系即公式 $R(p, p) \vee R(p, f)$ 中的 R 有三种占有的可能性,即不占有、占有一些、全部占有,那么单从生产者对其生产力中的劳动力和生产资料的所有权情况来看,就有下面表格(表 3.1)中所列举的 9 种可能的所有权关系:

---

① G. A. Cohen, *Karl Marx's Theory of Historical: A Defence*, pp. 31-32.
② 同上书,第 35 页。

表 3.1　9 种可能的所有权关系

生产者类型编号	对自身劳动力	对所使用的生产资料	生产者
(1)	无	无	奴隶
(2)	无	一些	可能存在
(3)	无	全部	不存在
(4)	一些	无	可能存在
(5)	一些	一些	农奴
(6)	一些	全部	不存在
(7)	全部	无	无产者
(8)	全部	一些	可能存在
(9)	全部	全部	独立生产者

在上表中,(1)、(5)、(7)和(9)是马克思分析过的生产者,科恩主要分析了其他 5 种生产者存在的可能性,并指出(3)和(6)不可能存在,因为无法设想一个生产者对所使用的全部生产资料拥有所有权,但对自身的劳动力却没有或者部分没有所有权;剩余的 3 种形式都有可能,(2)可能是比奴隶地位稍好一点儿的生产者,(4)是农奴和无产者的过渡形式,(8)可能是独立的农民或者手工业工人。这样,就显示出在实际的经济结构中生产者的形式并不是如传统马克思主义认为的那样"纯粹"和单一,实际上生产者对其劳动力以及生产资料的所有权情况是比较复杂的。

如果说生产关系主要是人对于生产力或人的所有权关系,经济结构又是生产关系的总和,那么似乎生产力也就是经济结构的构成要素之一,而这样的观点似乎与我们对经济结构的通常认识不一致,那么,如何解决这个矛盾呢?科恩的办法是,通过区别经济和经济结构这两个概念来达到消解问题本身的目标。因为结构可以被看作是一组关系或者一组位置,但是其中的关系者或位置者是不属于结构的。例如,p→q 中的 p 和 q 并不属于结构→(→在现代逻辑中可读作"蕴涵"),这个结构在本质上是( )→( ),它只是一种语法结构形式。也就是说,→是一种结构,正如还有其他结构∧、∨、↔(它们在现代逻辑中可分别读作"合取""析取"和"等值")等,其中 p、q 是命题符号,这些符号也可以是 r、s、t 等,它们不属于→这个结构本身。因此,在科恩看来,**经济结构**是一种形式,生产力并不是它的要素,但不影响在**经济**中出现生产力,也就是说不影响在生产关系中出现生产力要素。

从上面的论述可以看出,科恩的分析是科学而严格的,符合现代逻辑的基本思想。那么,马克思的生产关系概念(其实还包括其他所有的历史唯物主义概念)可以这样分析吗?我们认为,在一定的程度上是可以的。这个"程度"就是:在马克思的文本范围内,使历史唯物主义基本概念的内涵和外延清晰起来。但是,不能由此而陷入形式系统的构建;否则,会严重损害马克思主义的"实践品质"及其整体性意义。这就好比我们对人的医学研究,如果我们为科学的需要,暂时排除意识、情绪等因素的影响,我们固然因此而获得对人体的科学认识。但是,如果走得太远而忘记不应该忘记的另一方面因素,那么我们就会远离人的本相。没有意识、情绪等因素的存在物,不是我们"现实中的人",而是科学研究中的人。

二、所有权关系和劳动关系

在前面,我们阐述了科恩对生产关系的分析,或者准确地说,是对生产关系的社会方面的分析。下面,我们来看科恩对生产关系的物质方面即劳动关系的论述。因为科恩对劳动关系的论述是在与所有权关系的比较中展开的,因此谈劳动关系时往往离不开所有权关系。

科恩在《卡尔·马克思的历史理论:一个辩护》中阐述社会的物质属性和社会属性时,专辟一节谈论劳动关系。这部分地表明,在科恩看来,劳动关系是一个在社会双重属性结构下的问题,是社会中的一个关系属性。那么,什么是劳动关系?劳动关系在经济结构中处于一个什么样的地位呢?

第三章　生产力和生产关系

科恩说:"我们把'劳动关系'理解为生产的物质关系,它区别于前面提到的社会关系。它们是约束生产者从事物质生产的关系,被设想为剥离自他们对其他所享有的权利和权力。"①这就是说,科恩认为,相对于社会关系,劳动关系是剥离社会属性之后仅仅考虑物质属性的生产关系。肖则认为,"劳动关系构成劳动过程,但并不等于那个过程","劳动关系指那些包含在物质对象的生产之中的关系,是构成实际劳动过程而不问其社会结构的关系"②。这表明,肖和科恩一样赞同劳动关系不同于社会的生产关系,但是,肖在强调劳动关系与劳动过程之间的区别,认为劳动关系是劳动过程中的物质结构关系时,仍将"劳动关系包含在生产力之中"③;科恩则强调劳动关系与所有权关系之间的差异,把劳动关系看作既不是(社会的)生产关系也不是(物质的)生产力的一种关系,把劳动关系看作是物质的生产关系。在科恩看来,生产关系可以分为物质的生产关系和社会的生产关系,或者应该称作生产关系的物质方面和社会方面更为恰当,因为他谈论的就是生产关系的两个属性:物质属性和社会属性。如果考虑到所有权关系,那么我们可以有两个等式,即:

所有权关系 ≡ 社会的生产关系(或者生产关系的社会属性方面)

劳动关系 ≡ 物质的生产关系(或者生产关系的物质属性方面)

可见,所有权关系和劳动关系就成为生产关系的两个方面,那么是不是它们构成生产关系的全部内容呢?这就好比问,肉身加灵魂就等于生命吗?显然不是这样简单的事情!这只不过是一种分析的方法,一种目前人们可以接受的并且最远离无效性的分析方法。

对劳动关系这个概念,我们进一步来举例。有两个人张某和李某,他们共同抬动一张课桌,他们分别处于课桌的两端,课桌随他们的步伐

---

① G. A. Cohen, *Karl Marx's Theory of History: A Defence*, p. 111.
② W. H. Shaw, *Marx's Theory of History*, pp. 32, 33.
③ [美]R. W. 米勒:《分析马克思——道德、权力和历史》,张伟译,高等教育出版社,2009年,第169页。

而发生着位移,张某和李某就处于一种物理的结构关系之中。至于张某和李某之间的社会关系,比如说,是张某请李某一起抬动这张课桌的,或者是李某请张某一起抬动这张课桌的,或者抬课桌行为本身是他们在做的一个物理学实验,等等,就都不是劳动关系概念所关心的。

在科恩看来,虽然经济结构是生产关系的总和,并且劳动关系是物质的生产关系,但是,劳动关系并不属于经济结构。理由是什么呢?他认为,"经济结构是生产关系的总和"这个命题中的"生产关系"概念的外延不包括"物质的生产关系",而只包括"社会的生产关系",因此,劳动关系作为物质的生产关系自然就不属于经济结构。那么,如果劳动关系不属于经济结构,同时它又不能属于上层建筑,因为它是物质的生产关系,那么它是不是属于生产力呢?似乎肯定性回答就成了一个必然的归宿,但是,科恩不这样看待!他引用马克思的多处原文证明一个观点:劳动关系因为不属于经济结构而被划归生产力,但其本身并不是生产力。例如,"分工作为一切特殊的生产活动方式的总体,是从物质方面、作为生产使用价值的劳动来考察的社会劳动的总体形式"[①]。再如,"人们的生产力以及人们的社会关系愈益发展……他们的物质关系形成他们的一切关系的基础。这种物质关系不过是他们的物质的和个体的活动所借以实现的必然形式罢了"[②]。由此,科恩将一组关系与实行这组关系的结果区分开来:后者是生产力,但前者不是生产力。这就是说,劳动关系组成的结构可以生成生产力,但是,其本身并不是生产力。

通过这样细致的区分以后,那么,在"生产力—物质的生产关系—社会的生产关系—经济结构—上层建筑"的链条上是怎样的互动关系呢?科恩指出:"在生产力决定社会的生产关系中,往往有两个可比较的相关层次。新的生产力需要新的物质的生产关系,而后者又需要新的社会的

[①] [德]马克思:《政治经济学批判》,人民出版社,1976年,第35页。
[②] 马克思致安年科夫,1846年12月28日,参见《马克思恩格斯选集》第4卷,人民出版社,2012年,第409页。

生产关系,新的权威形式和权力分配。"①在这里,科恩明确指出一种新的劳动关系会带来社会的生产关系变化,并最终产生新的(社会的)生产关系。例如,1913年福特式生产方式的诞生标志着一种新的劳动关系出现了,这是一种标准的劳动关系模型,它以劳动对象为中心,使零件如同魔术般组合在一起,流水线的一端是零件,而另一端出来的是成品,劳动者根据劳动对象的组合程序形成不同劳动关系,譬如,有的劳动者只与方向盘产生劳动关系,有的劳动者只与发动机产生劳动关系,也有的劳动者只与油漆发生劳动关系。这种新的劳动关系又促进新的生产方式形成,使标准化、流水线和科学管理融为一体,这是现代化大规模生产的开始,并且由于这种新劳动关系形成的新生产方式之影响至今在继续着,甚至已经成为现代化的应有之义。在这里,需要注意的是,"生产力—物质的生产关系(劳动关系)""劳动关系—所有权关系"两层次关系指的是一个逻辑的层次关系,而绝非一种历史的关系。也就是说,"生产力—劳动关系"与"劳动关系—所有权关系"之间都不是一种单向度的先后关系,而是一种双向度的逻辑关系,前者决定后者,后者又以一种功能解释的方式影响前者②。

  关于生产关系与劳动关系之间的关系,肖和科恩有一样的观点。在《马克思的历史理论》中,肖提出另外的经典文本反驳"劳动关系"不是"生产关系"的观点,例如,马克思和恩格斯在《共产党宣言》中写道:"资产阶级除非对生产工具,从而对生产关系,从而对全部社会关系不断地进行革命,否则就不能生存下去。"③肖认为,这里的"生产关系"就不能仅仅包含"所有权关系",否则即使它不是毫无意义的,也至少是奇特的,因为当资产阶级完成破坏封建财产的历史任务之后,他们没有继续革命他们自己的所有权关系的秩序,但是,他们不断引进新的生产力,并调整劳

---

① G. A. Cohen, *Karl Marx's Theory of Historical*: *A Defence*, p. 166.
② 关于它们之间的功能解释,接下来的三章特别是第六章将专门论述。
③ 《马克思恩格斯选集》第1卷,第403页。

动关系和扩展原有的秩序关系,从而适应新生产力的发展。这些不断革命化的东西也属于生产关系,正如马克思《资本论》中说:"只有资本主义的商品生产,才成为一个划时代的剥削方式,这种剥削方式在它的历史发展中,由于劳动过程的组织和技术的巨大成就,使社会的整个经济结构发生变革,并且不可比拟地超越了以前的一切时期。"①这再次表明,马克思的"生产关系"包含"劳动关系"。然后,肖从正面指出:"广义地说,'劳动'关系指生产的技术的、物质的或者自然的方面,而'所有权'关系标志它由社会规定的特性。做一个类比的话,就是以下两者之间的比较:一方面是性交(一种'物质的'关系),另一方面是它的形式,诸如私通、通奸和一夫一妻制等社会的关系。……尽管这两种类型的生产关系——工作和所有权——紧密地联系在一起(并且,事实上,前者只发生在后者的框架之内),但是它们之间的区分对马克思思想至关重要。"②这表明,肖也主张在社会的双重属性下对生产关系做出区分,劳动关系属于生产关系的物质内容方面,所有权关系属于生产关系的社会形式方面。至于在"生产力—劳动关系—生产关系"之间的关系方面,不仅不同于科恩的功能解释立场,而且,肖说:"与大多数当代的马克思拥护者不同,我支持一种技术决定论的解释。"③

---

① 《马克思恩格斯全集》第 45 卷,人民出版社,2003 年,第 44 页。
② W. H. Shaw, *Marx's Theory of History*, Stanford University Press, 1978, p. 31.
③ 同上书,第 5 页。

第四章 "发展命题"和"首要性命题"

> 我们主张,生产力的性质从功能上解释生产关系的性质。较好的解释采取下面的形式:生产关系在时间 t 时是 R 类型,是因为考虑到生产力在 t 时的发展水平,R 类型关系适合于生产力在 t 时的运用和发展。
>
> ——[英]G. A. 科恩

在《卡尔·马克思的历史理论:一个辩护》中,科恩首次提出两个重要命题:"发展命题"和"首要性命题"。这是科恩对重建历史唯物主义的最重要贡献,因为在马克思主义发展史上,这是首次系统地运用分析哲学的分析方法对历史唯物主义基本原理进行处理,首次使有关论述获得一个清晰而严格的分析样式。在这里,需要注意的是,"发展命题"和"首要性命题"并不是逻辑学意义上的一个简单命题,而是哲学意义上的一个有丰富思想的论题,因为科恩使用的英文单词是 thesis,而不是 proposition。

第一节 两个基本命题的含义

根据对历史唯物主义的理解和分析,科恩从马克思历史理论中明确提出"发展命题"和"首要性命题"。这两个基本命题的陈述如下[①]:

---

① G. A. Cohen, *Karl Marx's Theory of Historical: A Defence*, Princeton University Press, 2000, p. 134.

"发展命题"(P_1):生产力的发展趋势贯穿历史。

"首要性命题"(P_2):一个社会的生产关系的性质是由其生产力的发展水平来解释的。

首先,在考虑 P_1 时,要注意区别于命题(P_3)"生产力的发展曾经贯穿历史",使 P_3 成立的条件并不能保证 P_1 的成立;同时,P_1 并不蕴涵"生产力一直在发展",也不蕴涵"生产力不会在一定时期内发展停滞甚至衰退"。

其次,生产力的首要性是指生产力相对于生产关系或者经济结构的首要性,不是生产力本身所具有的性质。"生产力具有首要性"是一个会产生歧义的语句,它可以表达两个不同的命题:一个是"把首要性归于生产力"(科恩认为这是马克思的观点),另一个是"生产力是首要的"(科恩所坚持的观点)。很显然,这两者不同,前者是说首要性是对生产力的属性,后者是说首要性是对生产力的一种解释。而我们知道,解释不同于性质,性质为事物本身所具有,解释是一种认识,所解释的并不必然是事物本身所具有的,但是,解释必须能够经得住现代科学方法论尤其是分析哲学的分析技术的检验。基于这样的区分,科恩认为,**生产力的首要性是一种解释,而不是一种属性**。他进一步指出,传统马克思主义者习惯于根据第二个命题(P_2)的价值来解释第一个命题(P_1),但这是一个不能接受的假设前提。因为价值的不同于科学的,并且符合价值规律未必就符合科学规律,这正是科学方法论所强调的,也符合马克思的历史唯物主义真义。

再次,注重对马克思经典著作的文本解读。关于"发展命题"和"首要性命题"的文本论据,主要是《〈政治经济学批判〉序言》(以下简称《序言》)中的经典段落以及马克思成熟时期的作品。作为科恩论证两个命题的基本依据,《序言》中的著名段落被科恩进行了分解,编码为 6 个原子命题,然后逐一论述。这 6 个原子命题[①]分别为:

---

① G. A. Cohen, *Karl Marx's Theory of Historical: A Defence*, p. 136. 亦可参见《马克思恩格斯选集》第 2 卷,人民出版社,2012 年,第 2—3 页。

(1)……生产关系……同物质生产力的一定发展阶段相适合。

(2)社会的物质生产力发展到一定阶段,便同它们一直在其中活动的现存生产关系……发生矛盾。

(3)这些关系便由生产力的发展形式变成生产力的桎梏。

(4)那时社会变革的时代就到来了[它伴随着经济基础的变更]。

(5)无论哪一个社会形态,在它所能容纳的全部生产力发挥出来以前,是决不会灭亡的。

(6)新的更高的生产关系,在它的物质存在条件在旧社会的胎胞里成熟以前,是决不会出现的。

科恩认为,这6个命题中蕴涵两个基本命题,他对之进行了分析和论证,我们将在后面进行讨论。同时,为简便清楚,在后面有关"发展命题"和"首要性命题"的阐述中我们会直接运用上述句子的号码来表示相应的命题。

第二节 "发展命题"

关于"发展命题",科恩的论述相对比较松散。通览全篇,主要可以归结出以下两个方面:第一,贯穿人类历史的一条主线是生产力具有发展趋势;第二,生产力具有发展趋势不是说生产力每时每刻都在不停地发展,而是从人类历史的整个长度来看,生产力总是在发展。第一个方面要回答生产力为什么具有发展趋势,这是"发展命题"成立的历史依据;第二个方面要回答如何理解"发展命题",这是"发展命题"成立的逻辑依据。可以说,科恩对"发展命题"的论述全部是围绕这两个方面展开的。

一、生产力为什么具有发展趋势?

我们先分析第一个方面。为什么在整个人类历史中生产力具有不断发展的趋势？或者通俗地说，为什么从总体上看生产力会不断发展？科恩的辩护理由是诉诸人性中不变的事实和人类在历史中所面对的状况。科恩知道，诉诸人性会引起传统马克思主义者的强烈反对，因此他运用间接论证的方法先分析反对的情况。他认为反对的可能依据主要有两个：第一个是传统马克思主义的一个观点，认为历史上没有不变的人性。关于这一点，科恩追根溯源，指出马克思当年提出这一观点是为反驳保守主义对恶性行为模式的因袭沿用。为此，科恩一方面提出，没有必要为了做出回应而主张不存在相当长久不变的人性的事实，因为"人性在历史中是变化的这一命题在'人性'的某些重要意义上显然是真的，但是在某种同等重要或相同的意义上，存在着永恒的人性也是真的"①，否则有"过犹不及"之虞；另一方面提出，因为生物学的原因，人类在生物学因素的某些主要方面数千年来几乎没有进化，所以"必须承认存在着人性的永恒的事实"②。第二个反对的依据是以普列汉诺夫的观点为代表，即本身不变化的东西不能解释变化的东西。但是，这个依据的逻辑前提是：已经承认（至少是假设）存在不变的人性。科恩认为，这个依据是有问题的，他列举出两个例子：恒温下持续加热可以烹调猪肉，体弱者每天坚持同样的锻炼能够成为运动员。

　　如果我们稍微仔细分析科恩对上述两个异议的反驳，我们就会发现，其实科恩的反驳并不充分。在反驳第一个依据时，他的第二个理由为第一个理由服务，或者说，第一个理由是依赖于第二个理由的，但是，第二个理由恰恰是诉诸生物学的基因。可是，即使存在生物学意义上不变的人性，这和马克思所谈论的哲学人类学意义上的人性也是两回事情，因此，这个理由并不能为他的论证服务。在反驳第二个依据时，科恩只是列举出两个例子，似乎他已经达到目的，但是实际上这并不是一个成功的类比论证。因为两类事物对象不可类比：从方法上说，后者是量

---

① G. A. Cohen, *Karl Marx's Theory of Historical: A Defence*, p. 151.
② 同上。

变引起质变的过程(猪肉会慢慢煮熟,身体会慢慢强壮),而前者是力图以不变的人性事实来解释变化的生产力发展这个事实,难道生产力的不断发展是因为有一个不变的人性,而这个不变的人性又可以推动生产力不断向前发展?如果是,那么请问这个永恒的人性是什么?即使如后面将要论述的,存在这样一个所谓的永恒人性,那么这不变的人性是否足以解释生产力的不断发展趋势?显然不是!即使在科恩后面的论述中涉及社会的现实状况,仍然不行,因为从类型上说,后者是生物学或者物理学事实,而前者是哲学命题,不属于可比对象。当然,这并不等于说科恩不能运用他所主张的人性观点来解释"发展命题"的可接受性,而只是说科恩的反驳不充分,并且,科恩的观点也需要证明。

在对异议进行反驳的同时,科恩指出一个历史事实:社会很少用低级的生产力取代高级的生产力,也就是说,在事情正常发展的情况下,发达的生产力不会屈从于不发达的生产力。至于为什么会这样,科恩认为,部分的解释是生产力发展的惯性和人们对已有生产力的依赖性。但是,这对于解释生产力为什么没有倒退显然不构成充足理由,它只是以间接论证的方式进一步为"发展命题"提供了一个佐证。

关于"发展命题"的可接受性证明,科恩主要给出三个事实性论据[①]:

(1) 人,就其规定性而言,是有点理性的;

(2) 人的历史境遇是一种匮乏状态;

(3) 人具有的聪明才智及其程度使他们能够改善他们的处境。

其中,(1)和(3)是科恩所说的关于人性的两个永恒事实,(2)是人类一直以来(或者说,至少到目前为止)面对的历史状况。因为人有理性,所以面对匮乏的时候,人会运用自己的理性来满足自己的需要,并且将能够发挥理性能力和具有理性特征的知识保留下来并传播,从而使自己更有能力面对匮乏状态,进而改善自己的处境。至于什么是理性,这很难简单地定义,但是它肯定包含反思能力,反思如何进一步改变匮乏状

[①] G. A. Cohen, *Karl Marx's Theory of Historical: A Defence*, p. 152.

态并不断满足自己的需求。那么什么是匮乏呢？根据科恩的观点,匮乏是"由于人的需求和外部自然的特征,如果他们不花费相当部分的时间和精力做他们不愿意做的事情,不愿意从事不是目的本身的劳动,那么他们就不能满足自己的需求"①。根据这样的理解,就可以得出结论：如果人类不从事劳动,那么就会匮乏,从而在劳动与匮乏之间建立起联系。人们要想改进匮乏程度,那么就不得不劳动,而劳动本身自然就使生产力有一个不断发展的趋势。"简言之：考虑到他们的理性和他们在自然方面的险恶处境,人们将不会无限期地放弃不断出现在他们面前的发展生产力的机会;结果是,生产力将趋向发展,如果并非一直发展,那么至少是断断续续地发展。"②因此,从整体上看,生产力具有发展的趋势。

根据科恩的论述,生产劳动成为满足人类自身需要的一种工具、手段,而不是人的目的。因为在这里,人的目的是满足需求,缓解匮乏状态,而不是人类本质性的展开。根据这种经济学的解释,如果人类运用他们的聪明才智只是为改善处境,那么是否就可以说,如果不进行生产劳动也能满足人的需求,那么人类就会放弃劳动而坐享其成吗？这是人类的真相吗？我们认为,在异化的资本主义社会中,在很大程度上这是事实。但是,这决不是人的本质,因为人之为人的根据就在于人能够劳动,劳动是人的本质。那么,在科恩那里,劳动怎会成为人的手段呢？问题的根源在于,科恩在这里把"劳动"解释成一个经济学概念,但在马克思历史唯物主义那里,"劳动"其实是一个哲学概念。

二、如何理解"生产力具有发展趋势"？

接下来,我们来看第二个方面：如何理解"发展命题"。这里的关键

---

① G. A. Cohen, *Karl Marx's Theory of Historical*: *A Defence*, p. 152.
② G. A. Cohen, *History, Labour, and Freedom*: *Themes from Marx*, Princeton University Press, 1988, p. 86.

第四章 "发展命题"和"首要性命题"

是,如何理解"生产力具有发展趋势"中的"趋势"这个概念? 首先,"发展"不同于"发展趋势"。"发展"是事实描述,如果说"生产力的发展贯穿历史",那么这句话的意思就是生产力在历史上一直是发展的,这是一个对历史的经验描述。"发展趋势"则是事态解释,如果说"生产力的发展趋势贯穿历史",那么这句话的意思就是对事实过程的整体解读,类似于一种对逻辑语法的语义解释。其次,"趋势"不否认在人类历史的某个或者某些时间段中,生产力是停滞的甚至是倒退的;"趋势"也不否认在人类历史的某个或者某些时间段中生产力的发展是不间断的,但"这种不间断发展是资本主义社会特有的"。至于生产力停滞或者倒退的原因,可能是战争,可能是内乱或者政策的不适合,也可能是环境恶化或者自然灾难,例如罗马因为蛮族的入侵而生产力衰退;至于生产力不间断的发展,可能是因为技术不断创新,也可能是因为资本主义生产关系容纳生产力发展的空间还没有消失。这些原因性解释不是我们这里考虑的重点,我们关心的是生产力的发展历史事实确实是这样的。

如果从同样的前提出发,即还是前面的(1)、(2)、(3)三个命题,那么我们更倾向于做如下解释: 社会有一种内在的张力。如果说,人是有理性的,物质是匮乏的,而我认为这个内在张力或者说这个理性与物质匮乏之间的博弈则是人的劳动力发展的根源,它进而成为生产力发展的微观基础。人有一个向前发展的要求,它是一种感性活动,是理性与欲望的集合体,无论怎么解释,它的表现是理性的自我发展要求。当然,这里的理性只能是现实的实实在在的"感性活动",理性的发展是"感性活动"的表现形式,或者说是外在的呈现,而不能把这个"理性"理解成其他的任何意思。这个内在的张力既是生产力发展的根源,也是人存在的根本依据。没有这个内在的张力,人就或者消亡或者自由,无论从肉身意义上还是从心灵意义上,都是如此。所以,人不能没有这个内在的张力,人也无法没有这个内在的张力,可以说,这个内在的张力是人与生俱来的能力,甚至根据黑格尔的观点做一比附的话,这个内在的张力相对于人本身是逻辑在先的,虽然实质上它们是合二为一。如果分析这个内在的张力,那么可以说,它的结构中包括有两个项:物质的匮乏境况和人的理性要求。在这个张力下,有的社会采取理性的应对策略,有的社会采取非理性的应对策略。前者如德国的法西斯主义,后者如美国的罗斯福新政,都是历史上鲜活的事例明证。对于个体,也是如此。前者如抢劫、偷盗、诈骗等犯罪活动,后者如农民的"锄禾日当午,汗滴禾下土"、书生的"头悬梁、锥刺骨"、工人的勤俭辛劳等。可以说,个体和社会皆受制于这种内在的矛盾,因为这个矛盾是内在于人和社会本身的,既是人和社会存在的逻辑根据,也是人和社会发展的内在根据。

至于说,使张力取得均衡的方式,要么诉诸内在的心灵,发挥宗教的调节功能,要么诉诸外在的物质,发挥经济政治的作用,用物质的改变来调节心灵。当然,实践中这两方面往往是一起发展的,但是对主体来说,总有一个主导和次要的选择问题。我们认为,生产力的发展趋势是一个综合命题,它不是一个单一因素可以决定的属性。

此外,需要注意的是,"发展命题"的证明是"首要性命题"证明的一部分,或者说,"首要性命题"成立的前提是"发展命题"为真。但是,仅凭"发展命题"仍不足以解开人类社会发展的全部秘密,因为我们必须理解社会形态更替的内在原因,从而获得关于人类历史的一般知识。因此,虽然这两个命题一起构成历史唯物主义的根基,但需要以"首要性命题"为主导,因为后者解释了社会形态的动态逻辑。

第三节 "首要性命题"[①]

对"首要性命题"的分析和理解关涉如何解读"生产力决定生产关系"这一传统的经典马克思主义命题。"生产力决定生产关系"是一个经

---

① 作为项目的前期研究成果,本节初稿以"论柯亨的'首要性命题'"为题发表于《兰州学刊》2008年第4期,第5—8页。

典的历史唯物主义命题,那么如何理解其中的"决定"这个概念呢？或者说,在生产力与生产关系之间的关系中,生产力是如何具有第一性、首要性的？

关于"首要性命题",科恩主要做了以下几项工作：一是提出历史唯物主义的"首要性命题"概念；二是为"首要性命题"列举马克思的文本依据,包括《〈政治学经济学批判〉序言》(以下简称《序言》)中的和《序言》以外的论据,对其展开分析,对马克思的相关命题进行诠释和补充,并分析为什么有的学者不主张甚或明确反对"首要性命题"提法；三是对"首要性命题"的逻辑论证；四是通过分析生产力与生产关系之间的理论联系来说明生产力的首要性；五是生产力首要性原理的运用,科恩在《卡尔·马克思的历史理论：一个辩护》第七章中专门分析这一原理在资本主义经济结构中的运用。

一、"首要性命题"的含义和文本依据

在前面经典文本的 6 个句子中,关于句子(1)中的"适合"一词,科恩指出对它有两种不同的解读方式。第一种解读是"如果 x 适合 y,那么 y 也适合 x","适合"是一种对称的、双向的关系；第二种解读是单向的、不对称的关系,即反对称关系,如果参照科恩的表达方法,就是："如果 x 适合 y,那么 y 不适合 x"。其实,科恩遗漏了第三种可能情况,即"如果 x 适合 y,那么 y 可能适合 x,也可能不适合 x", x 与 y 之间是非对称关系。科恩指出,如果单独考虑句子(1),那么第一种解读有可能正确,因为仅凭句子(1)无法排除生产关系与生产力之间的适合是一种逻辑上的对称关系；但是如果把 6 个句子结合起来考虑,那么就只能是第二种解读,因为它们排除了生产力适合生产关系的可能性,而只是强调生产关系要适合生产力的发展。当然,如果能够确定这里的"适合"只能是第二种解读,即反对称关系,那么也就排除了第三种可能情况：非对称关系。

科恩认为,句子(1)是对"首要性命题"的承诺,它表达了生产力对于

生产关系(以及经济结构)的首要性;句子(2)至(6)则是对"首要性命题"的具体阐述,它们构成一个严格的形式。其中,对句子(5)和(6),科恩进行了细致的逻辑分析。(5)和(6)是我们熟悉的"两个决不会"判断,我们一般强调这两个"决不会"的政治意义,但科恩对这两个句子进行逻辑上的等值替换,最终把句子(5)和(6)整理为如下形式:

(5_b) 如果一种经济结构灭亡,那么它实现了其最大的生产潜力。

(6_b) 如果一种新的更高的经济结构出现,那么足以使它产生的生产力在它替换的经济结构中充分发挥出来了。

这是两个充分条件假言命题,如果用 p 和 q 分别表示句子(5_b)的前件和后件,用 r 和 s 分别表示句子(6_b)的前件和后件,那么从其中任意一个支命题推出其他三个中的一个,就可以形成 12 个不同的逻辑形式,它们具有不同的真值情况。如下面的表格(表 4.1)所示:

表 4.1　12 个不同逻辑形式的真值情况

序号	命题形式	真值	附注
1	如果 p,那么 q	真	句子(5_b)
2	如果 p,那么 r	假	例如,"斗争的各阶级同归于尽"的结果
3	如果 p,那么 s	假	旧的可以灭亡而无须生产力发展到足以使新的产生
4	如果 q,那么 p	假	例如,僵化的经济结构可以存在
5	如果 q,那么 r	假	从 4 的否定和 7 联合推出
6	如果 q,那么 s	假	从 3 的否定和 1 联合推出
7	如果 r,那么 p	真	科恩认为,马克思排除了"经济结构"跳跃发展的情形
8	如果 r,那么 q	真	从 1 和 7 联合推出
9	如果 r,那么 s	真	句子(6_b)
10	如果 s,那么 p	假	从 11 的否定和 1 联合推出
11	如果 s,那么 q	假	旧的经济结构没有实现其生产潜力,但满足新的经济结构的生产力仍可以在其中发挥出来
12	如果 s,那么 r	假	例如,"未遂"事件

从上表4.1,我们能够看出,逻辑分析的结果可以推出一系列值得我们注意和讨论但如果不进行逻辑分析就很难发现的观点,这就是逻辑分析的一个效用。例如,第7个命题:如果一个新的更高的经济结构出现,那么就有一个经济结构灭亡。科恩认为,这是马克思排除了"经济结构"实现跳跃发展的可能性,因为物质生产力有自己的发展规律,而经济结构必然相应地有一个替换的规律,也就是经济本身有其内在发展的规律。这一思想有重要的实践意义,尤其是对充分发挥意识的能动性而忘记或者忽略经济结构(生产关系总和)的制约的情况。可以说,新中国的"大跃进"历史在某种意义上已经对这个命题做出一个现实注脚。

作为论证"首要性命题"的论据,科恩列举了马克思的大量文本依据,除了经典的《序言》外,他又以《德意志意识形态》《哲学的贫困》《马克思致帕维尔·瓦西里耶维奇·安年科夫》《共产党宣言》和《雇佣劳动与资本》等马克思在19世纪40年代的作品以及后期著作如《政治经济学批判大纲》《资本论》《剩余价值理论》共计8个作品中的有关论述为依据。略举两例,例如,他指出《德意志意识形态》中的概念Verkehrsform(交往形式)就是后来的更明确的历史唯物主义概念"生产关系"的前身。关于生产力与生产关系之间关系的论述,在《德意志意识形态》中则有这样的经典段落,"各种交往形式的联系就在于:已成为桎梏的旧的交往形式被适应于比较发达的生产力,因而也适应于进步的个人自主活动方式的新交往形式所代替;新的交往形式又会成为桎梏,然后又为另一种交往形式所代替"①。如果与句子(2)、(3)、(4)比照,那么就会发现前者是后来经典论述的原型。到《哲学的贫困》中,"交往形式"和"社会制度形式"就分别被"生产关系"和"社会关系"所替代了,如"生产力在其中发展的那些关系……同人们及其生产力发展的一定水平相适应……""人们生产力的一切变化必然引起他们的生产关系的变化"②。科恩引用这些

---

① 《马克思恩格斯选集》第1卷,人民出版社,2012年,第204页。
② 同上书,第233页。

论据,是要证明在马克思的文本中"首要性命题"是成立的,是有据可查的;"首要性命题"是对历史唯物主义基本思想的总结和提炼,是来源于马克思的。他为此指出,"虽然马克思本人没有明确地说明首要性命题,但是我们知道,他是如此确信这一命题,以致无意中显露出对这个问题的态度,这个态度与我们所勾勒的论证是一致的"①,科恩以《哲学的贫困》和《马克思致帕维尔·瓦西里耶维奇·安年科夫》中的两段话为论据,前者是"由于最重要的是不使文明的果实——已经获得的生产力被剥夺,所以必须粉碎生产力在其中产生的那些传统形式"②,后者是"为了不致丧失已经取得的成果,为了不致失掉文明的果实,人们在他们的交往方式不再适合于既得的生产力时,就不得不改变他们继承下来的一切社会形式"③。也就是说,科恩认为他自己在完成马克思已经显示出来但(因为各种原因)没有明确阐述的命题。

二、关于"首要性命题"的证明

如果说"首要性命题"有马克思的文本为依据,那么为什么仍有很多人不赞成甚或明确反对这个命题呢?科恩列举了三条理由,其中最重要的一条就是"首要性命题"容易导向受到人们普遍指责的"技术决定论"④。科恩对此进行的辩护理由是:"首要性命题"的指向可以称之为"技术的",但是"决定论"则是他不赞成的,因为生产力的发展就是人的劳动能力的增长,是"技术的"发展;但"奴役人的能力首先是属于社会关系,而不是属于物质力量;阻碍物质发展时成为桎梏的正是生产关系"⑤。所以,不能说是技术决定的。很显然,在这里,科恩一方面把生产

---

① G. A. Cohen, *Karl Marx's Theory of Historical: A Defence*, p. 159.
② 《马克思恩格斯选集》第 1 卷,第 233 页。
③ 《马克思恩格斯选集》第 4 卷,人民出版社,2012 年,第 409 页。
④ 参见 Peter Singer, *Marx: A Very Short Introduction*, Oxford: Oxford University Press, 2000, p. 105。
⑤ G. A. Cohen, *Karl Marx's Theory of Historical: A Defence*, p. 147.

力的发展和人的劳动能力发展合二为一,消除了单纯的技术倾向,避免陷入理性形而上学的窠臼;另一方面,进一步把与人对立的异化力量归于社会关系尤其是生产关系,从而为生产力的首要性清除理解上的误区。科恩认为,马克思解释社会变革时经常诉诸阶级斗争,但阶级斗争并不是根本性解释,阶级斗争的根源仍然是生产力的首要性原理,即"马克思在生产力的特征中找到了答案。'那些使一定的生产力能够得到利用的条件,是一定的社会阶级实行统治的条件'"①。也就是说,如果某种类型的阶级统治适合于当时生产力的发展,那么其就获得了统治的内在合理性。如果某种类型的阶级统治不适合当时生产力的发展,那么阶级斗争就会产生,进而发生社会变革。

如果说"首要性命题"在马克思那里可以寻找到文本的依据,并且反对者的声音是因为他们的错误担心的话,那么这些充其量只是找到了权威观点的支持和对反对观点的剖析,也就是为"首要性命题"的成立找到了权威来源,并削弱了认为"首要性命题"不成立的观点,但显然还构不成对这个命题成立的逻辑证明。所以,接下来的问题就是科恩是如何从逻辑上证明"首要性命题"的成立?

首先,"生产力的既定水平仅仅与经济基础的一定类型或者某些类型相适合"。也就是说,既然人类面临的总是既定的生产力水平,并且生产力的既定水平仅仅与一定的生产关系相适合,那么生产力的既定水平就预先决定了人们可选择的生产关系类型。在一定的生产关系中,有生产力发展变化的一个限度。当生产力的发展变化超过这个限度时,就会引起生产关系的相应变化。至于这个"临界点"在哪里则是一个哲学的实践命题,就像所有具有感觉的有机体都有疼痛临界点一样,但是这个命题并不能说明这个临界点在哪里,而是说一定的生产关系适合于一定范围的生产力水平。如果说有什么不清楚,那么这是解释模型的普遍特征,即不需要指明这个临界点具体在哪里,而只要指明临界点存在即可。

---

① G. A. Cohen, *Karl Marx's Theory of Historical: A Defence*, p. 149.

比如,我们很难设想在现代信息社会中实行奴隶制度,不是因为奴隶制度是怎么惨无人道,而是因为奴隶制度不适合现代信息社会的生产力的发展水平。至于说为什么不适合,或者换句话说,一定的经济基础适合生产力发展的范围有多大?科恩认为,他无法给出全部的答案,他强调的是:对于既定的生产力,不是所有经济基础都适合的。这样,就有了一个既定生产力水平对于生产关系类型选择的限制问题。但是,如前所述(参见本节第一部分),科恩认为,生产力与生产关系之间的"适合"关系是一种反对称关系,所以科恩不认为生产力的首要性是强加在生产关系上面的一个限制(constraint),因为限制是一种对称关系,而不是反对称关系。

其次,"发展命题"为"首要性命题"的论证提供了"必要的补充"。因为根据"发展命题",生产力的发展趋势贯穿全部历史,也就是说,从总体上讲,生产力会一直发展下去,即使有停滞或者倒退的现象,那也只是阶段性的暂时历史现象,而不是全局性的事实;这样,生产力就获得自身发展的独立性,即不依赖于生产关系的独立性,当然,这并不是说生产力可以脱离生产关系的形式而发展,那将会是毫无内容的形式主义抽象,并且是荒谬的。科恩要说的只是,生产力总要发展,这一点是不以人的意志为转移的;因为生产力的不断发展,就使原来适合的生产关系变成不适合,而不适合的景况不能长久维持,最终就会有新的适合生产力发展的生产关系代替之,所以,总是生产力选择生产关系,而不是生产关系选择生产力。这样,他就为生产力的首要性提供了逻辑前提。当然,反对的人可能会提出生产关系"首要性命题",主张"生产关系是首要的",理由是生产关系的发展趋势也贯穿全部历史,并且生产关系的发展不是因为生产力的发展而导致的。科恩认为,要证明这样的观点将是极其困难的,但是他没有提供比这个理由再多的任何证据。我们认为,如果说科恩在生产力与生产关系两者之间坚持生产力的首要性是正确的话,那么他不能继续给生产关系的(被解释意义上的)第二位性提供证据则是一个遗憾。其实,要从逻辑学的意义上来说明生产关系首要性是不成立的,至少有两点可以提出:其一,驳斥生产关系首要性的一个基本依据就是生产关系不可能独立发展。例如,对所有权关系而言,如果根本没有一定类型的物,那么如何产生所有权关系呢?具体言之,如果根本没有计算机,那么就不可能产生对于计算机的所有权关系。所以,"关系"一定是存在于物之间的关系。如果有反对者说关系作为一种结构可以不依赖于物而存在,那么他们就应该明白那只是说关系不依赖于特定的物,但不是说关系根本不需要依赖于物。其二,"首要性命题"是说生产力对于生产关系有一种逻辑在先的解释权,并不是发展的时间顺利;而"生产关系首要性"命题则是指生产关系的时间在先,指生产关系可以独立发展,甚至在生产力发展之前发展。这显然是两个不同的概念,一个是逻辑在先,一个是时间在先。举例来说,闪电之后总伴随雷声,并且闪电越亮,雷声越响,但是闪电的亮度并不是雷声响度的解释,它没有这个解释权。所以说,尽管在历史上有时候生产关系的变革时间上在先,但是它不是首要的,因为它没有这个解释权。这个解释权在生产力那里,因为生产关系变革的根由在于旧的生产关系不能促进甚至阻碍了生产力的发展。

在论证生产力的首要性以后,就产生出一个元理论问题,即生产力首要性的性质是什么?或者说,"首要性命题"具有什么样的性质?对此,科恩进行了专门论述。

其一,"首要性命题"属于功能解释。它是以生产关系对于生产力的功能来解释生产关系的性质,其逻辑形式是:"生产关系在时间 t 时是 R 类型,是因为考虑到生产力在 t 时的发展水平,R 类型关系适合于生产力在 t 时的运用和发展。"[1]这说明以生产关系对于生产力的适宜性来解释生产关系的特征,也就是说生产力的性质决定了生产关系的性质。但是,需要注意的是,生产力的性质只是解释生产关系的某些特征即根本性的整体性特征,而不是全部特征,即不能决定所有的细节特征。科恩

---

[1] G. A. Cohen, *Karl Marx's Theory of Historical : A Defence*, p. 160.

的一个典型例子是,一定的生产力性质能够解释为什么经济是农奴制的,但却不能精确地解释领主和农民之间的权力分配情况。

生产力与生产关系之间关系的解释是一种功能解释,这种解释消解了两个命题之间看起来存在的"矛盾":(1)生产关系的性质由生产力的性质来说明,(2)生产关系制约生产力的发展。这两个命题之间没有蕴涵关系,即(1)不蕴涵(2),(2)也不蕴涵(1)。科恩认为,这两个命题放在一起,很容易使人产生这样的观念:生产力决定生产关系,同时,生产关系又决定生产力。而决定是一种反对称关系,这样的推理显然是矛盾的。那么,如何理解呢?传统的解释路径是诉诸辩证法,主张生产力与生产关系之间是一种辩证关系:生产力决定生产关系,生产关系反作用于生产力。科恩反对辩证法,认为这样的表达是模糊不清的,没有真正解决(1)与(2)之间的问题。所以,他认为应该用前面的功能解释的办法来消除那个看似矛盾的问题。关于功能解释本身的理论,我们将会在第六章中详细讨论。

其二,"生产关系制约生产力的发展"和"生产力决定生产关系"是一致的,因为正是由生产关系对于生产力的制约性(促进或者阻碍)来解释生产关系的性质(适合还是不适合)。也就是说,"首要性命题"的功能解释已经含有生产关系对于生产力的制约作用。生产关系的制约性对生产力发展的具体路径选择以及生产力的发展速度都有影响,它虽然是一种量的影响,不影响生产力在整体结构上的首要性地位,但是,如果生产力的发展受到生产关系(以及经济结构)的阻碍,那么生产力就会停滞或者放缓发展的步伐。为了保证生产力的良好、可持续发展,生产关系的调整(即经济体制以及相关的政治体制改革)就成为必要的、必然的选项。过往的历史事实已从正反两个方面给出了答案。例如,20世纪初,美国总统西奥多·罗斯福主持实施的政府监管公司的改革措施给美国带去经济的可持续发展,其中就包括对洛克菲勒标准石油公司的拆解等。20世纪30年代富兰克林·罗斯福的新政,更是政府这只"看得见的手"对市场那只"看不见的手"的干预和补充,正是政府的主动而有力的措施纠正了自由市场经济垄断的偏差方向,在一定程度上改变了分配不公平、贫富差距的局面,形成了有利于生产力发展的新的生产关系。当然,这也说明计划和市场都是配置资源的手段,都是为了适合于生产力不断发展的要求。

其三,经济结构促进生产力发展的历史事实不影响生产力的首要性,因为生产力是按照经济结构促进生产力发展的能力来选择经济结构的类型,经济结构的选择范围受到其适合于生产力情况的制约。在一定的经济结构中,生产力总是不断地向前发展,但是任何一个具体的经济结构所能容纳的生产力发展程度是一定的,当一个经济结构所能容纳的生产力发展程度达到极限时,就会出现经济结构的变更。当然,这不是说经济结构的特点对生产力的发展没有任何作用;相反,经济结构的类型特征对生产力发展的速度是有影响的。比如,农奴制和封建制的经济结构虽然在一定的历史时期适合当时的生产力发展,但是,它们的特征也决定了当时生产力发展的速度是缓慢的。一个可以明证的历史事实是,相对于封建制国家之间的生产力差距,资本主义制度国家之间的生产力发展差距要大得多,原因即在于资本主义的经济结构有助于生产力的迅速发展,正如马克思所说:"资产阶级在它的不到一百年的阶级统治中所创造的生产力,比过去一切时代创造的全部生产力还要多,还要大。"[1]不可否认,科技进步是资本主义生产力获得巨大发展的关键因素,但是,这里要强调的是,资本主义经济结构的类型特征是其生产力获得巨大发展的根本原因,因为科技是经济结构中的一个要素。

为了给"首要性命题"提供进一步的论证,科恩阐述了生产力、物质的生产关系与社会的生产关系之间的关系。他指出:"在生产力决定社会的生产关系中,往往有两个可比较的相关层次。新的生产力需要新的物质的生产关系,而后者又需要新的社会的生产关系,新的权威形式和

---

[1] 《马克思恩格斯选集》第1卷,第405页。

权利分配。"① 这就形成了"生产力—物质的生产关系—社会的生产关系—上层建筑"社会结构模型,其中,前者对后者是决定作用,后者对前者有制约作用。一定的生产力水平要求一定的劳动关系,比如流水线生产要求工人的标准行列和标准生产动作以及密集性的劳动,而这样的劳动关系就要求劳动者参加相关的技术培训以及劳动者在职业上的自由选择权,这样的社会关系进一步要求国家制定和执行相关的法律政策。在这个链条中,起决定作用的是生产力的状况,支持的结论是"首要性命题",支持的方式是功能解释。也就是说,功能解释在某种程度上(至少在诠释学的意义上)支持生产力的首要性。

三、对两个基本命题的一些反思

科恩以"发展命题"和"首要性命题"对生产力与生产关系之间的关系进行解释,认为这样的解释不但具有马克思的文本依据,而且在逻辑上是成立的。如果我们按照科恩的思路,那么可以把生产力与生产关系之间的关系表示为一个函数公式 A:$y = f(x)$,其中,x 表示生产力,是自变元;y 表示生产关系,是应变元;f 是函数,是模型,可以看作是经济结构。公式 A 的一个基本语义就是:在不同的经济结构中,对应于不同的生产力情况,有不同的生产关系类型。其中,x 的定义域是人类的整个历史,而不是历史的某一特殊阶段。对于自变元的每一变化,应变元 y 都会发生变化;但这个变化的"度"或者"临界点"在哪里?如何确定这个"点"?正如前面第二部分中说到的,科恩并不认为需要指明这个"点"具体在何处,而认为只要指出其存在即可,因为确定"点"的具体位置是一个实践问题。也许有人会问,x 总是自变元吗?现实中 x 不是也经常随着 y 的变化而变化吗?这个问题的实质就是说,是否总是 x(生产力)决定 y(生产关系)的变化呢?根据科恩对生产力与生产关系之间关系的功

---

① G. A. Cohen, *Karl Marx's Theory of Historical:A Defence*, p. 166.

能解释,作为自变元的只能是 x(生产力),"发展命题"即是明证,而"首要性命题"更是将生产关系的"反作用"归因于其对生产力的适合程度。因此,公式 A 中的自变元只能并且总是 x(生产力),而 y 只能并且总是应变元。另外,公式 A 中的关键要素是 f。一般地说,f 是经济结构集(模型集);具体而言,f 则是某种具体的经济结构(模型),例如,资本主义自由竞争时期的经济结构。f 作为模型,存在一个"限度"的问题。在一定的模型中,生产力发展引起生产关系的变化;并且,因为模型的不同,生产力发展的"限度"也就不同。

当然,我们知道,这样的处理会损害生产力和生产关系的现实丰富性以及它们之间关系的复杂性,但是,如果单从语法结构的角度来看,则是可以这样表达的,因为这不但符合科恩的分析处理方式,而且是更进一步发展了他的形式分析处理方式。

如果说肖认为唯物史观是一种"技术决定论",科恩否认自己的解读属于"技术决定论"但不否认历史是"技术的"发展,那么我们是否可以换一个角度来审视唯物史观呢?我们知道,马克思在《〈政治经济学批判〉序言》中比较系统地表述了历史唯物主义的基本思想,恩格斯在 1859 年《卡尔·马克思〈政治经济学批判〉第一分册》、1878 年《反杜林论》、1883 年《在马克思墓前的讲话》、1888 年《〈共产党宣言〉英文版序言》和《路德维希·费尔巴哈和德国古典哲学的终结》以及 1894 年《致瓦·博尔吉乌斯的信》等作品中对历史唯物主义也都有比较集中的阐述。在这些经典作品中,对历史唯物主义的一个基本观点是:现实的人是历史唯物主义的现实前提。马克思明确指出:"人的本质不是单个人所固有的抽象物,在其现实性上,它是一切社会关系的总和。"[①]这样,马克思把黑格尔那里的"整体性的人"发展成了"现实的人"。如果说科恩对历史唯物主义的解释是:人类历史是"生产力"的发展历史,那么根据历史唯物主义的本义,我们更愿意说:人类历史是现实的人的"感性活动"历史,因为在马克

[①]《马克思恩格斯选集》第 1 卷,第 139 页。

思那里,在历史唯物主义的范畴中,生产力不单是一个经济学范畴,更是一个哲学范畴。所以,我们就不能把生产力简单地理解为人类智力的物化或者一种属性,而应该看作自然界的社会存在方式。生产力是人的感性存在方式,应被理解为人之作为人的自然存在物的诞生力量,而不应片面地理解为人获取物质生活资料的能力或者社会的生产率。基于这样的认识前提,那么我们就会得出结论:生产力发展的动力既不是出自外部自然界的强制或者因为这种强制而产生的智力进步,也不是出自人类的理性,而是"出自人对于自身作为社会存在物的感性意识和感性需要的必然展开",即生产力是"感性活动"的自我展开[1]。

根据这样的理解,我们就可以消除由两个基本命题的解释方式所容易产生的对马克思历史理论的意识形态幻象,因为在这种幻象中生产力被想象成一个概念集合体。正如在批判李斯特把生产力神秘化时,马克思指出:"为了破除美化'生产力'的神秘灵光,只要翻一下任何一本统计材料就够了,那里谈到水力、蒸汽力、人力、马力。所有这些都是'生产力'。"[2] 也就是说,马克思没有把生产力理解成一个形而上学式的抽象概念,而是把它理解成生存论意义上的活生生的感性对象,理解成可以在现实中通过"感性活动"把握到的存在。

关于生产力与生产关系之间的关系在历史唯物主义中的地位问题,恩格斯在《致约瑟夫·布洛赫》中指出:"根据唯物史观,历史过程中的决定性因素**归根到底**是现实生活的生产和再生产。无论马克思或我都从来没有肯定过比这更多的东西。如果有人在这里加以歪曲,说经济因素是**唯一**决定性的因素,那么他就是把这个命题变成毫无内容的、抽象的、荒诞无稽的空话。经济状况是基础,但是对历史斗争的进程发生影响并且在许多情况下主要是决定着这一斗争**形式**的,还有上层建筑的各种因

---

[1] 参见王德峰:《在存在论境域中领会历史唯物主义》,《江西社会科学》2005年第8期,第33—38页。
[2] 《马克思恩格斯全集》第42卷,人民出版社,1979年,第261页。

素：阶级斗争的各种政治形式及其成果……"①这表明,尽管马克思和恩格斯充分肯定经济条件在历史中的决定性作用,但他们反对过分看重经济方面,反对把历史唯物主义看成是"经济决定论"或者"生产力决定论"。因为在他们看来,如果说"生产力—生产关系"和"经济基础—上层建筑"是两个经济学命题,那么还不如说它们是两个哲学命题,它们是用来探究历史发展的客观规律,是从人的生存和发展高度对"人为物役"现象的批判。换言之,这两个命题只是"感性活动"的语言表现形式,只有"感性活动"才是历史本身。

---

① 《马克思恩格斯选集》第4卷,第604页。

第五章　上层建筑和"合法性问题"

> 社会的物质生产力发展到一定阶段，便同它们一直在其中运动的现存生产关系或财产关系（这只是生产关系的法律用语）发生矛盾。于是这些关系便由生产力的发展形式变成生产力的桎梏。那时社会革命的时代就到来了。随着经济基础的变更，全部庞大的上层建筑也或慢或快地发生变革。
>
> ——[德]卡尔·马克思

前面两章围绕生产力和生产关系这两个基本概念，本章将围绕经济基础与上层建筑这两个概念，着重讨论三个问题：上层建筑的外延问题，经济基础的"合法性问题"，以及经济基础在何种意义上决定上层建筑。

因为考虑到"基础"一词具有多义性，科恩常使用"经济结构"一词来指称生产关系的总和，准确地说，是指称（相对于物质的）社会的生产关系的总和；但在相对于上层建筑而言时，他仍使用"基础"这个术语来指称经济基础、经济结构。在本书中，我们遵循中国学界的惯常用法，在相对于上层建筑而言时，主要使用"经济基础"指科恩的"基础"。

第一节　上层建筑的外延问题

我们把经济基础界定为与一定的生产力相适合的生产关系总和，这个观点的文本依据是马克思在《〈政治经济学批判〉序言》中的经典陈述，

第五章 上层建筑和"合法性问题"

即"人们在自己生活的社会生产中形成一定的、必然的、不以他们的意志为转移的关系,即同他们的物质生产力的一定发展阶段相适合的生产关系。这些生产关系的总和构成社会的经济结构,即有法律的和政治的上层建筑竖立其上并有一定的社会意识形式与之相适应的现实基础。物质生活的生产方式制约着整个社会生活、政治生活和精神生活的过程。"① 但是,这个文本并没有回答竖立在"现实基础"上的上层建筑具体包括哪些对象?

在我国学界,一种有代表性的观点认为,上层建筑是"由经济基础所产生和决定的社会意识形态以及与之相适应的社会制度组织和设施的总和"②。这个观点的文本依据应该同样是来自《〈政治经济学批判〉序言》,马克思在那里强调:"随着经济基础的变更,全部庞大的上层建筑也或快或慢地发生变革。在考察这些变革时,必须时刻把下面两者区别开来:一种是生产的经济条件方面所发生的物质的、可以用自然科学的精确性指明的变革,一种是人们借以意识到这个冲突并力求把它克服的那些法律的、政治的、宗教的、艺术的或哲学的,简言之,意识形态的形式。"③ 这表明上层建筑由意识上层建筑和政治上层建筑两部分组成,前者诸如法律、道德、宗教和文艺等,后者诸如国家、政党、军队、警察、法庭和监狱等,这是我们对上层建筑的传统观念。那么,科恩对这个概念有什么不同的分析呢?

科恩认为,传统马克思主义对"上层建筑"这个概念的界定是不清晰的,即使从刚才的经典阐述中也似乎不能清楚地得到这个概念的明确含义。科恩指出,这个概念有两个不同的内涵④:

(1) 上层建筑 = 所有的非经济制度

---

① 《马克思恩格斯选集》第2卷,人民出版社,2012年,第2页。
② 《哲学大辞典》(修订本),上海辞书出版社,2001年,第1236页。
③ 《马克思恩格斯选集》第2卷,第3页。
④ 参见 G. A. Cohen, *Karl Marx's Theory of Historical: A Defence*, Princeton University Press, 2000, pp. 216 - 217。

(2) 上层建筑 = 那些非经济制度，它们的特征由经济结构的性质来解释

显然，这两个不同的内涵有可能指向不同的外延。但是，无论选择哪一个定义，它的基本观点都包括：

(3) 非经济制度的特征主要由经济结构的性质来解释。

然后，如果将(1)和(3)结合，我们就可以得到下面的命题：

(3.1) 上层建筑的特征主要由经济结构的性质来解释。

如果将(2)和(3)结合，我们就可以得到另外一个命题：

(3.2) 非经济制度主要是上层建筑的。

科恩认为，从(1)和(2)的合取很容易推出(3)，但是(3)实际上并不必然是真的，所以，我们对两个定义必须采取一个并且舍去另一个。科恩认为，虽然(1)没有大错误，但是应当采取(2)，因为它"更理论化些、更确切些"。由此一来，科恩的观点就是(3.2)。但是，(3.2)会产生一个实质性问题：在何种程度上非经济制度是上层建筑的？这个问题不是在问：有多少上层建筑能够从经济上做出解释？对这个问题，科恩没有给出解答。

科恩对"上层建筑"进行分析的本意是为了使其更清晰，但我们看到科恩在这里处理的并不好，似乎有些凌乱，他并没有清楚地说明其推理和论证的依据，只是给出两个不同的结论和他自己的观点。或许，他在这里更多的是想提出问题。当然，他的观点还是有意义的，它指出：上层建筑和非经济制度是两个概念，大部分的非经济制度是属于上层建筑的。这样，上层建筑的外延就更加清楚些，即那些由经济结构进行解释的非经济制度，主要是法律和国家。同时，科恩主张假设上层建筑中不包括意识形态，但他又提出他关于上层建筑的谈论大部分是可以适用于意识形态的。至于理由，科恩没有谈及，只是提到马克思在《〈政治经济学批判〉序言》中对上层建筑的用语是"法律的和政治的上层建筑"，这本身也许已经是一个很好的理由。如果要进一步追问上层建筑的外延究竟包括哪些对象？科恩的回答是："上层建筑由法律的、政治的、宗教的

以及其他非经济的制度所组成。上层建筑也许还包括大学,但不包括知识,因为知识不是制度。"①这样,科恩实际上只是指明了上层建筑的内涵性规定,而外延是一个不完全的列举,因为他"对上层建筑内容的论述的确是模糊的,他从来没有给上层建筑以精确的界定,在他的分析中他主要侧重于论述法律的上层建筑。但是科恩至少已经指出了上层建筑的范围比大多数人想象的要小得多"②。可以说,尽管没有给出清晰的外延范围,但是科恩仍对上层建筑这个概念的分析做出了一定的贡献。

第二节 "合法性问题"及其解决方案

在科恩看来,马克思主义对上层建筑的讨论主要涉及三个基本概念:经济结构、法律的上层建筑和政治的上层建筑。围绕这些概念会引发三个重要的问题:"合法性问题"(the problem of legality)、"解释方向问题"(the problem of explanatory direction)和"解释不适用性问题"(the problem of the inapplicability of the explanation)。对第一个问题的解决会引起第二个问题,对第二个问题的解决会引起第三个问题。

下面,我们先来讨论第一个问题:"合法性问题"。

一、"合法性问题"的提出

首先,从渊源上说,这个问题其实来自著名的马克思主义批判者普拉梅内兹(John Plamenatz)的《德国的马克思主义和俄国的共产主义》③,

---

① G. A. Cohen, *Karl Marx's Theory of Historical*: *A Defence*, p. 45.
② Jorge Larrain, *A Reconstruction of Historical Materialism*, London: Allen & Unwin, 1986, p. 74.
③ J. P. Plamenatz, *German Marxism and Russian Communism*, London: Longmans, Green and Company, 1954.

这是科恩在麦吉尔大学读本科时学习"马克思主义理论"这门课程的一本教科书。当时，科恩是一个正统的马克思主义者，他相信历史唯物主义的基本原理：经济基础决定并解释上层建筑，包括解释法律的上层建筑。但是，当读普拉梅内兹那本书时，科恩的思想被弄乱了，因为那本书对经济基础和上层建筑的区分提出一个非常严重的问题。普拉梅内兹认为，由生产关系来解释上层建筑的法律关系必定是错误的。

因为马克思《〈政治经济学批判〉序言》中写道："社会的物质生产力发展到一定阶段，便同它们一直在其中运动的现存生产关系或财产关系（这只是生产关系的法律用语）发生矛盾。于是这些关系便由生产力的发展形式变成生产力的桎梏。那时社会革命的时代就到来了。"①根据马克思的这段论述，生产关系需要满足"(1)能够从生产力的'发展形式'变成生产力的'桎梏'；(2)能够用法律用语表达"②。虽然所有权关系和劳动关系都有资格取得"生产关系"称号，但只有"所有权关系"能同时满足这两个要求，因此"所有权关系"才符合马克思《〈政治经济学批判〉序言》中对"生产关系"的使用。

同时，当我们说上层建筑包括法律的上层建筑建立在经济基础之上时，其实就是说，前者的性质由后者的性质来解释。根据马克思的历史理论，理解历史的钥匙应该到经济中去寻找，到财产关系中去寻找，而财产关系是一种法权关系，是由法律来定义的。如果财产关系由法律来定义的话，那么理解历史的钥匙就必须到法律中去寻找。这样一来，就会产生"经济结构"与"法律上层建筑"两个概念之间的混乱："如果经济结构是由财产（或所有权）关系构成的，那么它如何能够同本应由它解释的法律上层建筑区分开来？"③科恩把这个问题称为"合法性问题"。

---

① 《马克思恩格斯选集》第 2 卷，第 2—3 页。
② W. H. Shaw, *Marx's Theory of History*, Stanford University Press, 1978, p. 29.
③ G. A. Cohen, *Karl Marx's Theory of Historical : A Defence*, pp. 217-218.

其次，从逻辑上说，我们可以把"合法性问题"表述为以下四个命题之间的不一致关系①：

(1) 经济结构是生产关系的总和。

(2) 生产关系是所有权关系。

(3) 经济结构(解释法律的上层建筑并因此)不同于法律的上层建筑。

(4) 所有权是一种法律关系。

前三个命题是马克思历史理论所承认的，第四个命题显然是真的。由(1)、(2)和(4)这三个命题的合取可得出：经济结构是一种法律关系，但是，这个命题与(3)矛盾。从而，(1)至(4)这四个命题中就含有一个逻辑矛盾：经济结构既是又不是法律关系。"合法性问题"显然对历史唯物主义构成一种挑战，如果它不能得到妥善解决，那么历史唯物主义的根基就会受到影响甚至被严重动摇。

二、"合法性问题"的解决方案

科恩对"合法性问题"的解决方案是拒绝命题(2)，即并不把生产关系中的所有权关系像普拉梅内兹等人那样理解成法律上的所有权关系，而是根据马克思的本意理解成实际上存在的权力关系。马克思在《资本论》中谈到生产方式时说："如果一种生产方式持续一个时期，那么，它就会作为习惯和传统固定下来，最后被作为明文的法律加以神圣化。"②马克思的话意味着在第一个阶段中，生产方式是一种非法律意义上的关系，即先是一种实际的控制权，但还没有匹配法律上的所有权。也就是说，在现实生产中，权力和权利是两个不同的概念。因此，科恩对"合法

---

① G. A. Cohen, *History, Labour, and Freedom: Themes from Marx*, Princeton University Press, 1988, pp. 30–31.

② [德]马克思：《资本论》，第3卷，人民出版社，1975年，第894页。

性问题"的解决方案就是诉诸"所有权"概念,对命题(2)和(4)中的"所有权"做出两种不同的解释,把在命题(2)中通常用所有权的语言或者权利表述的生产关系说成是有效控制的关系或者权力,从而消解命题(1)至(4)中的矛盾。

简言之,生产关系属于权力层面的关系,而法律上层建筑属于权利层面的关系。在科恩看来,财产关系或者所有权关系能够表述为权利,但是对每一个权利都有一个"相匹配的权力"(matching power)。如前所述,生产关系在科恩那里实质上是指人对于生产力或者人的权力,根据关于社会的物质属性与社会属性的区分①,法律上的财产关系就相当于一种人对于人或者生产力的社会属性的关系,生产关系则相当于一种人对于人或者生产力的物质属性的关系。举例来说,通常所说的一个人对于一套房子的财产关系或所有权关系,就是指这个人根据法律的认可而享有对房子的占有、使用、收益和处分等合法权利,其他人必须尊重他的权利。这种权利主要是一种法律关系,即使我不在这个房子里住,我仍然拥有对它的财产关系。如果我对于一套房子有生产关系意义上的所有权,我对这套房子就是有实际的支配权力,它主要是一种实际的支配关系,而不一定是对这套房子的法律权利。

关于"所有权"的两层不同含义,肖也持相同的观点。他指出:"生产的所有权关系是在生产的物质过程中调整生产力的控制和途径的关系。它们包含生产力的所有权关系,以及涉及这种所有权的那些关系:举例来说,一个人出卖他的劳动力意味着他拥有它。"②"因此,所有权关系不仅仅是人们之间的所有权关系(无论在何种历史意义上),而且同时还是构成劳动产品的社会分配和支配生产方式的一般运动的关系。"③这表明,肖也认为"所有权关系"不仅仅包括法律上的权利关系,而且包括实

---

① 关于"生产关系"的定义,参见本书第三章第三节。
② W. H. Shaw, *Marx's Theory of History*, pp. 36-37.
③ 同上书,第42页。

际的权力关系。肖还指出,虽然马克思的"所有权"使用的是法律术语,但是我们应该从一种非法律的、非规范的意义上来理解它,因为法律意义上的所有权关系容易产生一种形而上学的独立性,正如马克思所指出的那样:"要想把所有权作为一种独立的关系、一种特殊的范畴、一种抽象的和永恒的观念来下定义,这只能是形而上学或法学的幻想。"[1]因此,所有权关系必须在劳动关系和生产力中找到根源。

在这里,涉及"权力"和"权利"的外延(匹配)关系以及它们之间的推演关系问题,这些将在本节第五部分中得到更多的论述。接下来,我们先讨论由"合法性问题"引出的其他两个连锁问题。

三、"解释方向问题"

把生产关系区分为权力和权利,解决了"合法性问题",但经济基础和上层建筑马上又面临一个新问题。科恩提出,在标准情形中,即在一个法治社会而非过渡时期的社会中,正是作为上层建筑的法律权利赋予人们实际的经济权力,那么,经济结构怎么又被说成是解释法律的上层建筑呢?或者说,标准情形中的从权利到权力的解释路径,是否在解释方向上出现了错误?这就是科恩所称的"解释方向问题"[2]。

从逻辑层面来分析,这个问题表现为以下两个命题之间的不一致性:

(3)经济结构(解释法律的上层建筑并因此)不同于法律的上层建筑。

(5)在标准情形中,人们拥有经济结构上的某种权力是因为他们拥有法律赋予的那种权利。

对于这个问题,我们可以先插入一些讨论。也许有人会从现实经验

---

[1]《马克思恩格斯选集》第 1 卷,人民出版社,2012 年,第 258 页。
[2] G. A. Cohen, *History, Labour, and Freedom: Themes from Marx*, p. 31.

出发提出质疑：在我国当前的社会中，人们不是常常像命题(5)陈述的那样先有权利后有权力吗？举例来说，人们不是只有先取得房屋产权证，然后才有对房屋的支配权吗？对这个质疑，一种回答是：在法治社会中，因为权利和权力之间具有一致性，"权力"是"合法的权力"，"权利"是"有效的权利"，所以，"权力"与"权利"之间是互推关系。但是，在非法治社会或者法治尚不完善的阶段中，"权力"和"权利"就经常不是同时发生，有时候"权力"在前，有时候"权利"在前。例如，在 1994 年以前，我国法律面对着事实婚姻的难题。事实婚姻的发生，因为当事人有这样的权力，他们能够这样做(在一起生儿育女过日子)；但是，他们没有权利这样做，因为他们的行为没有获得法律的肯定。但是，我国法律对 1994 年以前的事实婚姻都进行了"溯及肯定"，承认并保护已经发生的事实婚姻。在这个例子中，可以说，是先有"权力"发生后有"权利"发生。下面我们看一个"权利"发生在前的例子。在真正普及或者说国家保障九年义务教育之前，我国法律规定适龄儿童有受教育的权利，但是在某个贫困地区，尽管一个 6 岁的女孩因为法律的规定已经具有这样的权利，但可能她没有这样做的权力，因为她家里十分贫穷而承担不起所有孩子的教育费用，受"重男轻女"思想的影响，家长选择了让家里的男孩接受教育，所以女孩就没有权力去接受教育。这就是"权利"发生在前而"权力"缺失的情况。如果继续讲下去，也许后来那个女孩的运气还不错，半年后因为国家或者其他赞助者承担起她所有的教育费用，使她具有受教育的"权力"。这则构成一个说明"权利"发生在前而"权力"发生在后的例子。

上面的这些例子说明，从经验的角度或者时间上的先后关系方面，无法对权力与权利之间"解释方向问题"做出一般的回答，只能根据具体情况具体分析。但是，这不意味着我们不能从逻辑的角度对"权力"与"权利"之间"解释方向问题"做出一般的回答。

正是从逻辑的视角出发，科恩在《卡尔·马克思的历史理论：一个辩护》第 8 章第 3、4 节和《历史、劳动和自由：来自马克思的主题》第 1、2 章中都有对这个问题的讨论，他的解决方案是诉诸(3)中的"解释"概念。

科恩否定(3)和(5)之间存在不一致性,他认为,撇开(5)暂且不论,(3)可以是真的,因为(5)与下面的思想之间不构成矛盾:在标准情形中,正是因为当人们拥有权利时他们就由此拥有相匹配的权力,所以他们才拥有权利。很显然,科恩是把(3)中的"解释"理解成一种功能解释,从而消除(3)和(5)之间看起来存在的不一致性。

简单来说,按照功能解释的观点,"经济结构解释法律的上层建筑"的意思就是,法律的上层建筑的性质由其对经济结构的功能来解释。在标准情形中,根据命题(5),法律的上层建筑(拥有某种权利)具有形成某种经济结构(拥有相应的权力)的功能,这是一个已经确定的"倾向性事实"①。实质上,这个"倾向性事实"是命题(5)的隐含前提。如果我们把标准情形中的这个隐含前提和整个推理过程用逻辑形式表达出来,那么就是:

（权利）→（权力）

人们拥有法律赋予的某种权利,

因此,他们拥有经济结构上的相应权力。

从上面的逻辑形式可以看出,在标准情形中,人们从法律的上层建筑(拥有法律赋予的某种权利)所具有的功能(拥有经济结构上的相应权力)来解释为什么会有某种既定的法律的上层建筑。换言之,根据功能解释和标准情形这两个前提,对"解释方向问题"的回答就是:经济结构从生成的意义上解释法律的上层建筑,法律的上层建筑根据它对经济结构的功能来解释它自身;归根结底,还是经济结构解释法律的上层建筑。在这里,涉及如何理解经济基础对上层建筑的功能解释问题,我们将在本章第三节中再详细论述这个问题。

四、"解释不适用性问题"

如果(3)被解释成是一种功能解释,新的问题又接踵而至:并非所有

---

① 关于"倾向性事实"的论述,参见本书第六章第一节。

的法律都有相关的经济效应,由此似乎就推出一个结论,前面所考虑的功能解释并不能适用于所有的法律上层建筑。这个问题就是科恩所称的"解释不适用性问题"①。

依照前面两个问题的逻辑表达方式,"解释不适用性问题"实际上就是以下两个命题之间的不一致性:

(3) 经济结构(解释法律的上层建筑并因此)不同于法律的上层建筑。

(6) 并非所有的法律都是为经济现象提供一种功能,因此,更有理由认为,并非所有的法律都能依据经济来从功能上解释。

这是一个非常具有挑战性的难题,因为(6)显然是真的,例如,保护隐私权的法律和保护宗教信仰自由的法律等,我们很难说它们是在为某种经济提供一种功能。由于并非所有发挥功能的事物都是根据通过它们所发挥的经济功能来解释,因此,即使在法律经济学这个领域,"对于所提出的问题,有一些将仍由法学本身独立自足地研究,而另一些则将由经济学加以解决"②。法律中有些问题,乃至有些部门法,只能从公民权利的正当性本身来诠释,而无法从经济学上做出合理的解释。因此说,(6)是真的。接下来,我们考虑命题(3)。如果改变对(3)的解释,对所有的法律尝试一种非功能的经济解释,这似乎并不能可信地调和(3)和(6),因为功能解释并非贸然进行的。因此,命题(3)本身也无法改动。

那么,如何解决这个难题呢?科恩认为,他能找到调和(3)和(6)两个命题的唯一办法就是否定下面这个被遮蔽的隐含前提:所有的法律都是上层建筑的组成部分。

具体来说,就是把法律的上层建筑限制为那些对经济有一种延伸效应的**法律整体**,从而否定任意的法律都会对经济有延伸效应。这一做法

---

① G. A. Cohen, *History, Labour, and Freedom: Themes from Marx*, p. 32.
② Fritz Berolzheimer, *The World's Legal Philosophies*, Boston: Boston Book Company, 1912, p. 23.

的本质是把这里的"法律"解释成一个集合概念,而不是像通常所理解的那样解释成一个非集合概念。因为在科恩看来,马克思的观点并非是一个不言而喻的自明主张,而最多是一个在整体上为真的主张:"只要法律在事实上有这样的一种延伸效应,那么它就是根据那种效应从功能上来解释。"①

这个问题的核心再次涉及上层建筑的外延范围,进而影响到如何理解历史唯物主义的论域:是包括一切的还是受到限制的。"在包括一切的历史唯物主义中,物质的和经济的发展解释其他非经济的和精神的发展的主要特征。但是,受到限制的历史唯物主义只讲精神现象并不支配物质发展,并且,它只在这样的时候使自己对精神现象做唯物主义的解释:如果它们不被这样解释,它们将被视为控制物质的发展。"②科恩指出:"马克思和恩格斯可能倾向于包括一切的历史唯物主义,因为黑格尔是一个包括一切的历史唯心主义者,并且他们错误地以为对包括一切的历史唯心主义者的拒绝就是建立包括一切的历史唯物主义。"③通过对包括一切的历史唯物主义和受到限制的历史唯物主义的区分,科恩主张采取受到限制的历史唯物主义立场,从而表明马克思没有低估正统马克思主义者所低估的诸如宗教和民族主义等现象的重要性。由此,"解释不适用性问题"被消解。

五、权力和权利

从上面的论述可以看出,"合法性问题"是三个连锁问题的起点。科恩对"合法性问题"的解决方案,简言之,就是区分两个基本概念:权力和权利。因此,有必要对权力和权利做一个较为详细的相关论述。

---

① G. A. Cohen, *History, Labour, and Freedom: Themes from Marx*, p. 32.
② G. A. Cohen, *Karl Marx's Theory of Historical: A Defence*, p. 384.
③ G. A. Cohen, *History, Labour, and Freedom: Themes from Marx*, p. 176.

科恩对"权力"的定义如下:

一个人具有对 ϕ 的权力,当且仅当他能够做 ϕ。在这里,"能够"是非规范性的。如果"即使他正在做 ϕ,他不能够做 ϕ 仍可能是真的",那么"能够"是规范性使用,这是"能够"的法律或道德使用的逻辑特征。在"能够"是非规范性的地方,"他正在做 ϕ"赋予"他能够做 ϕ"[①]。

这表明,这里"能够"的含义是指实际的操作行为能力,而不包括法理上的资格。比如,根据 A 国法律,不满 18 周岁的汤姆不具有吸烟的法律资格,但是他能够吸烟,因为他具有吸烟的行为能力。关于"权利",科恩没有给出明确的严格定义,我们可以根据他的方式对"权利"给出一个简单的严格定义,即"一个人具有对 ϕ 的权利,当且仅当他有资格做 ϕ",所谓"有资格"指的是具有法律上的有效依据。例如,根据 B 国法律,年满 22 周岁的健康公民有结婚的权利,我们暂且不问这里的"健康"是对哪些具体病症的排除情况,如果张某是 B 国一个年满 22 周岁的健康公民,那么,他本人以及其他的任何人就能知道,张某有结婚的资格,这个资格是法律赋予的,是可以根据一定的条件进行预测的,它也排除了任何个体进行干涉和阻挠的资格。

"权力"与"权利"的外延之间并不是同一关系。所谓"权力"和"权利"是同一关系,是指:如果 x 有权力 p,那么 x 就有权利 q;并且,如果 x 权利 q,那么 x 就有权力 p。这样,从"x 对 ϕ 的权力"就可推出"x 对 ϕ 的权利",反之亦然。这种情况在亚里士多德的"良法 + 良民"的理想法治社会中是存在的,在现代法治国家中最多是部分实现的。或者说,在一个完全的法治社会中,"权力"与"权利"之间是互相推演的关系;但在现实的社会中,"权力"与"权利"之间并没有推演关系,即从"x 具有对 ϕ 的权力"不能必然推出"x 具有对 ϕ 的权利",反之,从"x 具有对 ϕ 的权利"也不能必然推出"x 具有对 ϕ 的权力"。对此,科恩提出,在现实社会中,如果对"权力"和"权利"进行限定,那么就有可能建立它们之间的推演关

---

① G. A. Cohen, *History, Labour, and Freedom: Themes from Marx*, p. 33.

系,即"只有具有**合法的**权力才需要具有与之相匹配的权利,而只有具有**有效的**权利才需要具有与之相匹配的权力"①。通过"合法的"和"有效的"这样的限定,实际上就是在概念上,在局部地、部分地描述一个几近理想法治的情形:"权力"与"权利"的外延之间是同一关系,因此,它们之间具有推演关系。

为进一步阐述对权利和权力的区分,科恩提出一个问题:奴隶和无产者在占有自己的劳动力方面有本质上的差异吗? 科恩的观点是:如果只从"权力"出发,而不考虑"权利"不同,那么奴隶和无产者在本质上就都不占有自己的劳动力。根据是:奴隶不占有自己的劳动力,因为如果他们不劳动,将会被杀掉;对无产者而言,虽然常说无产者在法律权利上占有自己的劳动力,可是实际的情况是:如果无产者不劳动,就无法生存,同样会失去生命。区别只不过是奴隶是被杀,而无产者是"自杀"而已。这样的话,无产者实际上也就没有占有自己的劳动力。这样推理的结果是:奴隶和无产者对自己劳动力在占有的权力上没有本质的区别。如果这个结果成立,那么就会产生下面的结论:无产者除了具有法律形式的权利,在实际的权力方面并没有比奴隶前进多少,无产者实质上就是一种奴隶。对这个问题,科恩的观点是:奴隶对特定的奴隶主没有不劳动的权力,而无产者对特定的资本家有不劳动的权力。也就是说,奴隶的权力情况指向特定的对象,而无产者的权力占有情况指向一个阶级。就隶属关系而言,两者的隶属关系不完全相同,所以产生的后果也不完全相同,无产者的经济地位相对而言要比奴隶好得多。其实,这个解释来源于马克思的观点,即无产者的劳动力不是被某个特定的资本家所有,而是被整个资产阶级所有。马克思的这个观点正是从权力角度进行的表达。

在厘清"权力"的定义之后,科恩对"权力"做进一步的细致分析。他指出:"一个人对 ϕ 的权力(他能够做 ϕ)依赖于他做 ϕ 的**困难**程度(how

---

① G. A. Cohen, *Karl Marx's Theory of Historical : A Defence*, p. 219.

difficult)和他做 ϕ 的代价程度(how costly)。"① 如果我们以经济学的术语来表达,科恩的"困难程度"指一个人做 ϕ 需要克服的客观阻止因素,并且克服这些条件对其而言是不容易做到的,表现为意志成本;而"代价程度"指的往往是货币成本,指一个人可以做到 ϕ,但要付出金钱之类的对换物。我们举一个与科恩的例子相类似的例子来说明这两个概念。某人要从 A 市到 B 市去,他能够选择乘飞机去,也能够骑自行车去,这是他的权力。如果选择第一种方法,即乘飞机,他就要自费买机票花费 500 元。假设他每月收入是 2000 元,自费 500 元对他来说就是一个很大的代价,虽然他付出这笔钱没有多大困难。如果选择第二种方法,即骑自行车去,路上就要花费 3 天时间。虽然他有连续骑 3 天自行车的体力,但是他要为此付出很大的力气和时间。这种方法他只需要付出相对较少的金钱,但连续骑 3 天自行车对他还是非常困难的。因此,对这个人而言,第一种方法是昂贵的,第二种方法是困难的。分析到这里,也许有人会问:科恩对"权力"概念做这样细致的考察是为了什么呢?他是为了回答有关资本主义社会中无产者与资本家之间的博弈关系的问题。在资本主义社会中,无产者对自己的劳动力有法律规定上的所有权,同时有支配自己劳动力的权力,因为每个人都是自由的,并且是自己身体的主人。但是,科恩要指出的是,无产者对自己劳动力的权力实际上受"困难程度"和"代价程度"的约束。他们有从任一个资本家那里辞去工作的权力,也有受雇于任一个资本家的权力,但是他们没有不受雇于整个资本家阶级的权力,因为他们没有占有生产资料。同时,无产者在选择和更换工作时所面临的"困难程度"和"代价程度"使其法律上的"劳动力"自我所有权大打折扣。从而,即使在一个资本主义的法律社会,无产者的实际"权力"和权利也不是真正对等的。

这样,科恩就把生产关系处理成一个从(实际的)权力方面而不是从(法律的)权利方面进行表达的概念,生产关系就是人对于对人或生产力

---

① G. A. Cohen, *Karl Marx's Theory of Historical : A Defence*, p. 238.

的权力;同时,他还指出,这样的处理并不会导致以"暴力论"代替生产关系理论,因为他并没有说"暴力"是这个权力的来源,尽管有时候"暴力"是有这样的功能。进一步来说,暴力只是手段,经济才是目的。正如恩格斯在《反杜林论》中所说的:"每一个社会主义的工人,不论是哪一个国家的,都很清楚地知道:暴力仅仅保护剥削,但是并不造成剥削;资本和雇佣劳动的关系才是他受剥削的基础,这种关系是通过纯经济的途径而决不是通过暴力的途径产生的。"①这说明对生产关系进行的解读并不必然导向"暴力论"。

第三节 经济基础在何种意义上决定上层建筑?

马克思说:"每一时代的社会经济结构形成现实基础,每一历史时期的由法的设施和政治设施以及宗教的、哲学的和其他的观念形式所构成的全部上层建筑,归根到底都应由这个基础来说明。"②

经济基础说明上层建筑,而通过前面的论述,经济基础(生产关系的总和)与上层建筑(主要是并且尤其是法律的上层建筑)之间的关系已经转变成生产关系与法律(尤其是财产关系)之间的关系。

一、以生产关系解释财产关系和法律

关于生产关系与财产关系(以及法律)之间关系的问题,科恩认为,一个基本的命题就是:"既定的财产关系所具有的特征是由生产关系的特征决定的。"③这又是一个功能解释的例子,也就是说:既定的财产关

---

① 《马克思恩格斯选集》第3卷,人民出版社,2012年,第532页。
② 同上书,第796页。
③ G. A. Cohen, *Karl Marx's Theory of Historical: A Defence*, p. 226.

系之所以是这样子的,是因为这样的财产关系有利于确认或推进生产关系的变化情况。那么,生产关系与财产关系之间的变化情况是怎样的呢?科恩描述了两者之间的四种因应变化情形:

(1) 因为生产力要发展,在环境有利的情况下,形成了新的生产关系,这时,法律就受到了破坏并继而崩溃,最后法律发生变化,生产关系和财产关系重新获得一致。

(2) 法律过于强大并阻止新的生产关系的形成,两者经过博弈,法律被迫变化,最后新的生产关系得以建立。

(3) 新的生产关系形成时并没有相应的法律规定,它需要得到新法律的认可和保护,所以新法律出台,形成两者的一致对应。

(4) 法律没有变化,但财产关系发生了变化。

这四种情形描述是符合历史唯物主义的,即生产关系发生变化后,财产关系和法律总是反映这个变化。用科恩的表述就是,财产关系和法律的变化总是可以在生产关系的变化那里找到解释。如果把这四种因应变化关系用新旧关系表述得更清楚一些,那么就是:第一种情形是新生产关系先确立,旧法律被破坏,最后新法律建立;第二种情形是旧法律与新生产关系直接博弈,在新法律建立后,新生产关系得以确立;第三种情形是新生产关系确立时没有相应的法律,随后法律出台;最后一种情形是先有(能够规定新财产关系的)法律,后有新的财产关系。

这四种因应变化描述在历史中都能找到经验事实的证明。关于第一种情形,科恩列举出三个例子,其中一个例子是早期形成的欧洲资产阶级中有一部分来自于农奴。农奴不堪压迫或者因为其他原因从农奴主那里逃跑到设防的城市里,开始新的生活和奋斗历程,后来其中一部分就发展成了新的资本家。从法律上说,这部分农奴逃跑后并没有被免去他们身上的义务,可是因为经济要稳定地发展或者其他各种原因,新的资本家必须得到法律的认可和保护,所以他们后来就得到了法律的承认。这个鲜明的历史事实说明,在这里,"合法性只是批准了一个违法的行为"①。这样的例子在世界各国的历史上不断发生,我国也不例外。我们清楚地记得,三十多年前,中国农村的改革开放事业就是从安徽省凤阳县小岗村的 13 户农民深夜里按血手印私自承包土地开始的。他们私自承包属于公社集体的土地,这在当时是违法的行为。那么,他们为什么敢于冒天下之大不韪呢?因为原有的财产关系所维护的生产关系不利于生产力的发展,生产力要想发展,就必须突破生产关系的阻碍,产生新的生产关系代替已经不适合的生产关系;而新的生产关系要想产生,则必须有新的财产关系来推进这个变化,生产关系不会自己产生,即使偶尔产生了也不稳定,所以,必须有财产关系的变化。所以,这 13 户农民以他们的"勇敢行为"开始了我国轰轰烈烈的改革事业,新的财产关系适合新的生产关系要求,而新的生产关系则极大地解放了生产力。这样的生产关系使法律受到了破坏并继而崩溃,随后发生的事实是,我国法律有了变化,"追认"了他们行为的合法性。这是有关生产关系与财产关系之间因应变化的第一种情况发生在我们国家的鲜明案例。

关于第二种情形,实际上谈的是在已具备要求生产关系变化的生产力发展情况之后,因为法律的强大阻止力量以致使新的生产关系无法形成,但是由于生产力的发展趋势是不可改变的,最后法律不得不变化,阻止力量慢慢消失,新的生产关系最后形成。在这里,一个很重要的问题是:生产力是怎么克服法律的阻止力量的?一个合乎历史经验的回答就是:阶级斗争。因为从本质上讲,阶级斗争反映经济基础与上层建筑之间的矛盾,目的是建立新的生产关系。这样的例子不但包括当代发达资本主义国家的工人罢工运动,也包括发展中国家的工人维权运动。工人为了新的生产关系进行斗争,但是因为维护旧法律的力量太过强大,新的生产关系无法形成,工人就不断地进行罢工、抗议等活动,最后统治阶级不得不妥协,法律就发生了变化。

第二种情形和第一种情形的相同之处是,如果新法律不出现,新生

---

① M. Weber, *The City*, New York, 1966, p. 108.

产关系就是违法的。它们的不同之处是,在第二种情形中,只有通过法律变化,新的法律关系确立之后,新的生产关系才能够最终形成;而在第一种情形中,是新的生产关系先形成,因为新生产关系更符合生产力的发展要求,旧法律被废除,由新法律来确认新的生产关系。

第三种情形不同于前两种情形的地方是,新生产关系不违法,因为没有法律来约束它。因此,必须为没有法律依据的新生产关系提供法律依据,目的是为了维护和稳定这种新的生产关系。这种情形在历史发展中也有许多例子可以证明。比如,网上销售会产生没有法律依据的新的生产关系。考虑到这种新的生产关系在产生时没有匹配的权利规定,为稳定这样的经济活动,保护这样的生产关系,就需要制定相应的新法律。再比如,2015年9月1日之前,我国的民间借贷没有明确的法律依据,常常产生借贷纠纷,为更好地审理民间借贷纠纷,维护民间借贷秩序,最高人民法院在2015年8月出台了有关的法律规定。这种情形正如马克思在《德意志意识形态》中谈到"国家和法同所有制的关系"时总结的那样,"每当工业和商业的发展创造出新的交往形式,例如保险公司等等,法便不得不承认它们都是获得财产的方式"①。

在前三种情形中,无论是旧法律变化为新法律,还是直接产生新法律,可以说,法律都有变化。但是,在第四种情形中,法律没有变化,而财产关系有变化。科恩举出罗马法被用于资本主义社会的例子,并希望能回答下面的问题:从内容来说,现代资本主义在财产关系方面的法律规定多属于古罗马法律,而古罗马社会的经济是建立在奴隶制基础上,这怎么可能呢?科恩指出,这个问题在《政治经济学批判大纲》的主体部分中已经得到解决,它的要点是:"资本主义财产和交换的**因素**远早于完全的资本主义经济结构的形成,管理它们的古代法律可以应用于它们的特殊体制即资本主义之内的事务。"②这实际上是在谈法律规定对于经济关

---

① 《马克思恩格斯选集》第1卷,第214页。
② G. A. Cohen, *Karl Marx's Theory of Historical: A Defence*, p. 246.

系的超前性,法律在规定不发达的商品经济的时候,它们的超前性规定已经足以使其适合于资本主义的市场经济需要。其实关于这种情况,马克思在《德意志意识形态》中也有比较详细的谈论,他写道:"在罗马人那里,私有制和私法的发展没有在工业和商业方面引起进一步的结果,因为他们的整个生产方式没有改变。……当工业和商业——起初在意大利,随后在其他国家——进一步发展了私有制的时候,详细拟定的罗马私法便又立即得到恢复并取得威信。后来,资产阶级力量强大起来,君主们开始照顾它的利益,以便借助资产阶级来摧毁封建贵族,这时候法便在所有国家中——法国是在 16 世纪——开始真正地发展起来了,除了英国以外,这种发展在所有国家中都是以罗马法典为基础的。即使在英国,为了私法(特别是其中关于动产的那一部分)的进一步完善,也不得不参照罗马法的原则。"[1]也就是说,财产关系发生新的发展之后,法律却还是以前的法律。这样的法律的存在需要有两个基本的前提条件:一个是当时生产关系已经有后来生产关系的因素,这是物质条件;二是有好的法律制定者,他们能够意识到这些发展中的生产关系因素并制定出合适的法律规定。这两者缺一不可。

二、经济基础与上层建筑之间是一种功能解释

我们再来看一遍马克思在《〈政治经济学批判〉序言》中关于经济基础和上层建筑的经典论述:"社会的物质生产力发展到一定阶段,便同它们一直在其中运动的现存生产关系或财产关系(这只是生产关系的法律用语)发生矛盾。于是这些关系便由生产力的发展形式变成生产力的桎梏。那时社会革命的时代就到来了。随着经济基础的变更,全部庞大的上层建筑也或慢或快地发生变革。"[2]对于这段话,科恩的解释和他对生

---

[1]《马克思恩格斯选集》第 1 卷,第 212—213 页。
[2]《马克思恩格斯选集》第 2 卷,第 2—3 页。

产力与生产关系之间关系的解释是一致的,即生产关系的特征由其对生产力的功能来解释,同样,法律和国家等上层建筑的兴衰由其对经济基础的功能来解释,并归根结底由其对生产力发展的功能来解释。也就是说,如果在一定时期内上层建筑有利于经济基础的稳定和发展并进而有利于生产力的发展,那么上层建筑在这期间就是稳固的。否则,上层建筑就面临改进甚至被推翻的后果。反过来说,上层建筑是现在的状态,是因为这个状态有利于稳固或促进当下的经济基础,正是上层建筑要适合经济基础的要求这个倾向性事实解释了上层建筑的当下特征。

我们知道,财产关系是一个法律表述,法律属于上层建筑,而生产关系的总和构成经济基础。为了更好地理解经济基础与上层建筑之间的关系,如前所述,科恩就先对财产关系与生产关系之间的关系进行解释,他的观点是：财产关系之所以具有它们的特征是因为生产关系需要它们具有那样的特征。如果按照科恩对权力与权利之间关系的表述方式,这就是说,权力需要权利的认可和维护,正是权力的需要使权利具有一定的样式,这个样式是权力的需要所要求和规定的。换言之,财产关系之所以具有它们的特征,是由这样的财产关系适合于生产关系的要求这一倾向性事实来解释。例如,我国在2007年3月通过的《中华人民共和国物权法》就是对已经变化了的生产关系所提供的法律保障。没有这样的法律,已经形成的生产关系就得不到有效的认可和保护,就会不利于生产力的发展。为了保护改革开放的成果,实际上就是为了有利于生产力的持续稳定发展,因而必须对已经形成的权力提供权利保障。也就是说,立法者修改旧法或者制定新法都是为了缓解或解除权力与权利之间现存的或者潜在的紧张关系。

"如果生产关系为了稳定需要法律的表达,那么就推出,基础需要一个上层建筑。"①在这里,"需要"是一种功能解释,上层建筑的特征必须满足经济基础对它的需要,上层建筑的特征是通过它满足经济基础的功能

---

① G. A. Cohen, *Karl Marx's Theory of Historical：A Defence*, p.231.

第五章 上层建筑和"合法性问题"

情况来解释的。为说明基础对上层建筑的需要,科恩使用类比论证,列举了一个"撑木与盖子"的案例。四根撑木打入地基,每一根都高出地面同等的距离,它们在这种情况下是不稳固的,因为在一定级别的风中它们就会摇摆,但如果盖一个顶子在它们上面,那么就会增强它们的稳固性。这样,我们就可以说,这个顶子是撑木的稳固性所需要的。科恩以这个例子想要说明的是:上层建筑之所以具有它们的特征,这是因为只有这样的特征才有利于经济基础的稳固。

同时,科恩为他的主张提供了经典文本的依据。例如,马克思在《资本论》中的表达:"这种规则和秩序本身,对任何取得社会固定性和不以单纯偶然性与任意性为转移的社会独立性的生产方式来说,都是一个必不可少的要素。"①再如,马克思在《〈政治经济学批判〉导言》中指出:"每种生产形式都产生出它所特有的法的关系、统治形式等等。"②科恩这样做,一方面用马克思的论述来表明马克思在经济基础与上层建筑之间关系的表述是一种功能解释,至少是有证据支持可以对之做功能解释的理解;另一方面,他指出只有做这样的功能解释才能避免曼托克斯(P. Mantoux)所批评的汤因比(A. J. Toynbee)对历史过程的错觉:"在17和18世纪的整部经济史中,中央或者地方政府对工业的保护很长时间以来是吸引大多数人关注的主题。这并不奇怪,因为当所有的文本都可得到的时候,研究法规比研究分散的、难以捕捉甚全难以找到一丝踪迹的事实要容易得多。可能正是由于这个理由,这一研究分支的重要性长期以来被过高地估计了。汤因比甚至走得更远,他断言从保护性规章到自由竞争之间的变化是工业革命的主要特点。这是错把结果当成原因,**把有关经济事实的法律方面当作事实本身**。"③也就是说,科恩主张,不能因为经济变化必须反映到法律上而混淆法律与经济事实之间的关系,不

---

① 《马克思恩格斯全集》第46卷,人民出版社,2003年,第896页。
② 《马克思恩格斯选集》第2卷,第688页。
③ Paul Mantoux, *The Industrial Revolution of the Eighteenth Century: An Outline of the Beginnings of the Modern Factory System in England*, London, 1964, p. 83.

能错把法律当作社会发展的动因。如果做进一步的思考,科恩真正想表达的观点就是:只有对经济基础与上层建筑之间的关系做功能解释,才能正确地认识历史发展的过程。

为了进一步论述经济基础需要上层建筑,或者说经济基础对上层建筑有依赖关系,科恩论述了"经济结构是否可以被单独观察到"这个问题。这其实是爱克顿在其著作《时代的幻觉》中提出的问题,他在那本书中提出:"社会的'物质的或经济的'基础因此不是能够被清楚地**想象**的东西,更不是离开人们的法律、道德和政治关系而能够被**观察到**的东西。"①这里暂且不论他的概念认知错误——"社会的物质基础"和"社会的经济基础"是两个不同的概念,前者是指生产力,后者是指经济结构——他在这段话中表达了一个更值得我们注意的观点:离开上层建筑后经济结构是不可被观察到的。那么,真是这样吗?科恩的回答是:经济结构作为一种关系,是抽象的,它本身无法被观察到,但是经济结构是什么,是可以通过观察确定的②。科恩以"离婚率"为例进行了说明。离婚率是什么?离婚率是20%或者30%这样的百分比,百分比作为一种数是无法被观察到的,不是经验世界可以检验的问题,比如你无法指出30%在哪里。但是,离婚率作为一个特定地区特定时期内离婚人数与结婚人数之间的比率,是可以通过经验方法进行确定的,并且离婚率确定后还可以解释很多其他的有关现象,比如青少年犯罪率问题、社会稳定问题、家庭观念问题等。通过这个类比,科恩想要说明的是:虽然离开上层建筑后经济结构不可以被观察到,但是,确定经济结构的途径仍是可以被观察到的。

其实,科恩的这个观点来自现代逻辑的创始人弗雷格。弗雷格坚持逻辑实证主义的观点,认为数是客观存在的,但是无法被观察到,它存在

---

① H. B. Acton, *The Illusion of the Epoch*: *Marxism-Leninism as a Philosophical Creed*, London: Cohen and West Frontispiece Courtesy of Mrs. Barbara Acton, 1955, p. 167.
② 参见 G. A. Cohen, *Karl Marx's Theory of Historical*: *A Defence*, p. 236.

第五章　上层建筑和"合法性问题"

于既不是现实世界又不是观念世界的"第三域",只能通过思维来把握。同理,经济结构无法被单独观察到,但是,通过法律等上层建筑可以来确定它。可以说,在一定程度上,科恩的这个判定是符合历史唯物主义的,因为它强调经济基础的独立性,并把上层建筑的特征归因于经济基础的性质,而不是归因于诸如意识形态或者历史观念等其他因素。

第六章　功能解释和唯物史观[①]

> 马克思所要求解释的现象对他说的解释它的现象有重大的影响。把马克思的解释理解成功能的,有助于使被解释现象作为原因的能力与它们在解释顺序中的次要地位之间获得一致性。
>
> ——[英]G. A. 科恩

科恩在其代表作《马克思的历史理论:一个辩护》中首次提出并论证唯物史观是一种功能解释。这一观点与从实践视角解读唯物史观迥然不同。那么,何谓功能解释?唯物史观如何成为一种功能解释?把唯物史观看作是一种功能解释是否会削弱唯物史观的科学性?

第一节　何谓功能解释?

功能解释这个概念的内涵非常丰富,下面我们着重阐述它的定义、结构、真实性问题和运用机制。

[①] 作为项目的阶段性成果,本章第一、二节的初稿以"功能解释与唯物史观"为题发表于《现代哲学》2011年第5期,第26—33页;并被中国人民大学书报资料中心复印报刊资料《哲学原理》2012年第2期第118—126页全文转载。

第六章　功能解释和唯物史观

一、功能解释的定义

从逻辑学角度出发，功能是"有特定结构的事物或者系统在内部和外部的联系和关系中表现出来的特性和能力。任何物质系统都是结构和功能的统一。结构是功能的基础，结构决定功能；功能是结构的表现，功能对结构又有反作用"①。这个定义指出，功能是结构的特性和表现形式，并对结构具有一定的制约作用。譬如，资本主义在自由竞争时期的经济结构决定了其功能情况，它的功能是促进当时生产力的发展，促进的程度则由经济结构的状况（即它所容纳的生产力发展范围）来决定；同时，结构的功能（即促进的程度）又对结构产生作用，如果结构的功能是促进生产力发展，那么结构就会稳固；否则，结构早晚会被修整或者替换。

那么，功能解释是什么呢？根据科恩的定义，功能解释就是用现象的效果这个倾向性事实来解释现象本身，更严谨些的表达是："被解释项的特征由其对解释它的项的作用来决定。"②这个定义初听起来有些晦涩，为了形象而清楚地说明功能解释的含义，科恩举出很多例子。现在，我们选择其中的两个例子③（一个自然界现象，一个社会的现象）来说明什么是功能解释：

例 6.1　鸟有空心骨是因为空心骨有助于飞行。

例 6.2　鞋厂进行大规模生产是因为大规模生产带来经济效益。

例 6.1 中，被解释项是"鸟"，被解释项的特征是"有空心骨"，要解释的现象是"鸟为什么有空心骨？"解释的思路是"因为空心骨有助于鸟的飞行，所以鸟有空心骨"。它的基本模式是通过空心骨对鸟的作用情况

---

① 彭漪涟、马钦荣：《逻辑学大辞典》，上海辞书出版社，2004 年，第 763 页。
② G. A. Cohen, *Karl Marx's Theory of History: A Defence*, Princeton University Press, 2000, p. 278.
③ 参见同上书，第 249 页。

来回答鸟为什么有空心骨,这是运用功能解释的一个范例。同样,例6.2中,被解释项是"鞋厂",被解释项的特征是"鞋厂的大规模生产",要解释的现象是"鞋厂为什么进行大规模生产?"这个解释的基本思路是"因为大规模生产为鞋厂带来经济效益,所以,鞋厂进行大规模生产"。这是运用大规模生产对鞋厂的作用情况来回答鞋厂具有大规模生产这个特征的根由,所以,例6.2也是运用功能解释。同时,我们可以发现,这两个例子回答的都是"为什么—问题"(why-question),解释的程序都是**通过现象的效果来解释现象**,所运用的功能解释相应地都属于"为什么—解释"(why-explanation)。

我们知道,语句和命题是两回事,前者是用什么来表达,属于语言学范畴;后者是指语言所表达的东西,属于逻辑学范畴。那么,通过现象的效果来解释现象时,就非常容易把语言表述形式和它所表达的命题类型混淆起来。换言之,陈述和解释在外延上不是同一关系。因此,在这里,我们需要注意区分那些容易和功能解释相混淆的概念。

首先,需要区分功能陈述与功能解释。功能陈述是把一个或若干个功能归属于事物,功能解释如上所述,是通过现象的功能来解释现象。功能陈述与功能解释是不同的,因为功能陈述回答"是—什么"问题,功能解释回答"为什么—问题",两者的意图是不同的。但是,这里有一个模糊地带,如果语境不太明朗,就会无法清楚地把功能陈述和功能解释区分开来。例如,用"心脏的功能是抽动血液"这个陈述就可以在"适当的语境"下分别回答"什么是心脏的功能"和"人为什么有心脏"这两个问题,前者是一个"是—什么"问题,对它的回答就是一个功能陈述;后者是一个"为什么—问题",对它的回答构成一种功能解释。因此,对语句的归属必须综合考虑语境才能做出分析,尽管这并不意味着总是能够区分清楚。进而言之,科恩认为把"什么是心脏的功能"等同于"心脏有什么益处"也是一种混淆,虽然他对以有益陈述来分析功能陈述采取中立态度,但是有益陈述是把一个或若干个**有益**的效果归属于某物,因此既不能把它等同于功能陈述,也不能把它等同于功能解释。

其次,需要区分因果解释与功能解释。因果解释是一种常用的科学解释方法,是通过现象之间的引起和被引起的关系来解释现象的存在根据。但科学解释方法中不只包括因果解释,还包括非因果解释,例如,在解释社会或历史事件时经常会用到的解释方法就有结构解释和功能解释等。因果解释和功能解释都属于"为什么—问题",但是功能解释不同于因果解释。例如,监狱之所以存在是因为其能巩固阶级统治和维护国家秩序,但是,巩固阶级统治和维护国家秩序并不是监狱产生的原因,而是监狱的功能,这就属于功能解释,而不属于因果解释。所以,"**当我们试图解释一种社会现象时,必须分别研究产生该现象的原因和它所具有的功能**"①。但是,持这一观点的法国著名社会学家 E. 迪尔凯姆同样提出:"关于社会事实的原因和功能这两类问题,不仅应该分别研究,而且一般说来应该先研究前者,然后再研究后者。这种先后次序实际上也是符合社会事实的次序的。自然应该先研究现象的产生原因,而后再设法探明它造成的结果。这种方法也是很符合逻辑的,因为第一个问题一经解决,往往有助于第二个问题的解决。"②这样,他就把研究功能问题放到研究事物现象的因果问题之后,但是,这并不表明功能解释不重要,因为"一般说来,事实要使自己能够继续存在,它本身必须是有用的"③。

最后,需要区分后果解释与功能解释。功能解释是一种后果解释,但不能把功能解释简单地等同于后果解释,因为功能解释的根据是:如果若一定类型的现象发生则会有一定的结果,那么这个现象发生。从这个形式可以看出,功能解释的根据是一个先在的或者同时发生的逻辑条件,而不是单纯的后果。进一步来说,所有的解释有一个前提:必须使结构的逻辑(一致性)标准与证实的实践(功能)标准结合起来。也就是说,只有当后果解释是功能解释时,它才被接受。

---

① [法]E. 迪尔凯姆:《社会学方法的准则》,狄玉明译,商务印书馆,1995 年,第 111 页。
② 同上书,第 112 页。
③ 同上书,第 113 页。

二、功能解释的结构

功能解释具有怎么样的结构呢？或者说,如何证明一个解释是功能解释？

科恩指出,一个后果陈述涉及后件法则时就是解释的。后件法则有两个逻辑形式,一个解释事件的发生,一个证明事物具有的性质[①]。下面,我们先来看功能解释具有什么样的形式结构,又是如何解释事件发生的。

解释 6.1　若一个 E 类型事件在 t_1 时发生则会造成一个 F 类型事件在 t_2 时发生是真的,那么一个 E 类型事件在 t_3 时发生。

这是一个前件为充分条件的充分条件假言命题,它的逻辑形式可以表示为:

公式 6.1　$(E \to F) \to E$

如果用前面的例 6.1 和例 6.2 来分别进行相应的命题代入的话,那么就可以得到:

解释 6.1.1　如果(若鸟有空心骨,则有助于鸟的飞行)是真的,那么鸟有空心骨。

解释 6.1.2　如果(若鞋厂进行大规模生产,则为其带来经济效益)是真的,那么鞋厂进行大规模生产。

上面的这两个解释具有共同的逻辑形式,如果我们用一阶谓词的符号语言来表示这个共同的逻辑形式,那么我们就可以得到一个比公式 6.1 更精确的逻辑形式:

公式 6.2　$((\exists x)(E(x, t_1) \to (\exists y)F(y, t_2)) \to (\exists z)E(z, t_3)$

这是一个现代逻辑的表达式,其中,t_2 和 t_3 在时间上都不先于 t_1,t_2 与 t_3 之间的顺序则是任意的。这就是功能解释的结构,或者说,如果一

---

① 参见 G. A. Cohen, *Karl Marx's Theory of History: A Defence*, pp. 260 - 262。

个解释具有公式 6.2 这样的结构形式,那么它就是一个功能解释。

如果说上面我们谈论的是事件类型,运用的是个体变项 x,那么写出一个特定事物性质的功能解释表达形式,则是:

解释 6.2　若一个事物 o 在 t_1 时是 F 则它作为结果在 t_2 时是 E 是真的,那么 o 在 t_3 时是 F。

功能解释的逻辑形式解释 6.1 与解释 6.2 之间的区别仅仅是:解释 6.1 是关于事件类型,事件是不确定的;而解释 6.2 是关于事物性质,事物对象是确定的。如果将解释 6.2 进一步写成类似于公式 6.2 的精确形式,则是:

公式 6.3　$(F(o, t_1) \rightarrow E(o, t_2)) \rightarrow F(o, t_3)$

其中,关于 t_1、t_2、t_3 之间的时间顺利情况和公式 6.2 相同。我们可以看到,公式 6.2 和公式 6.3 是不同的,前者含有个体变项,后者含有个体常项,分别刻画了两种不同的功能解释类型。但是,它们都和公式 6.1 的真值情况是一样的,表示相同的真值函项。

从上面的论述和形式表达中我们可以看出,功能解释不同于一般的因果解释,它是以一个事实解释即一个条件命题的真实性来推导某个事件或者某个事物性质的发生情况。

科恩的结论是:在后果解释中,习惯性的事实解释性质(或者事件类型)的发生率,而这种性质(或者事件类型)的发生率是在对倾向的假设说明中提到的。也就是说,**解释现象发生的不是功能或者效果本身,而是一个倾向性的事实**。这是功能解释不同于功能陈述的重要区别所在,也是功能解释的核心思想所在。如果以前面的例 6.1 来举例说明的话,那么就是:鸟为什么有空心骨? 不是因为空心骨有利于鸟的飞行,而是因为"若鸟有空心骨则其有利于鸟的飞行"这个事实是真的。换句话说,鸟有空心骨,不是因为空心骨的功能或者效果,而是因为一个倾向性的事实("若……,则……")。考虑到倾向性事实往往是一个连续的习惯性事实,是一个基于日常归纳的合理性判断,所以在这个意义上可以说,一切合理的后果解释都是功能解释。

三、功能解释的真实性问题

如果说通过后件规则使我们证明了功能解释,并且认识到功能解释内含一种规律性的概括,那么是否所有规律性的概括都是功能解释呢?不是!伴随情况就不是这样。

如果每当 F 发生时 E 就发生,但是 F 的发生并不解释 E 的发生,而是存在另外一个 G 引起了 F 和 E,那么就不能说 F 和 E 的发生事实是一个功能解释。举例来说,每当有闪电的时候总是伴随雷声,但是闪电不是雷声的原因,雷声也不是闪电的原因,同时,闪电与雷声之间彼此也不能解释对方的发生,解释它们发生的是大气层中的正负电子相撞现象。这个现象的模式如图 6.1 所示,这样的伴随情况就是假的功能解释。

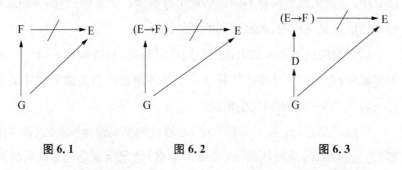

图 6.1　　　　　图 6.2　　　　　图 6.3

从图 6.1 所表示的情况出发,对功能解释持怀疑态度的人就进一步扩展这个假的功能解释的情况,他们认为功能解释中的倾向性性质也只不过是 E 发生的伴随物,这样一来,有第三个情况引起倾向性事实和 E 的发生,而倾向性事实并不能引起 E 的发生(如图 6.2 所示)。

为了进一步证明对功能解释持怀疑态度者的论题,科恩以"花瓣关闭(E)是为了保护香味(F)"的事例进行了说明。每当夜幕降临,有些花的花瓣会关闭,它的一个功能解释是关闭花瓣可以保护香味(如图 6.3 所示)。可是为什么花瓣会关闭?是因为 G(光亮减弱),而不是因为倾向性事实(若花瓣关闭则它有利于保护香味)的发生;倾向性事实也是由

G 引起的,具体过程是:G 引起 D(昆虫离开),D 引起 E,E 有 F 功能,从而我们发现规律(E→F)。这说明在特殊的情况下,功能解释是假的。那么,什么时候功能解释是真的?什么时候是假的呢?或者说,功能解释的真实性依据是什么呢?

科恩认为,作为由历史记录、当前观察和由此进行的推导这三者所支持的后果概括,在历时性的情况下是真的,在共时性的情况下是假的。也就是说,功能解释在历时性的情况下是真解释,在共时性的情况下是伪解释。他举了一个自然界的例子来说明这个观点。"长颈鹿长有长颈是为生存得更好",在这里,长颈可以使长颈鹿的生存状况更好是一个倾向性事实,并且是一个历时性的经验证明之后的概括,所以,这是一个真解释。但是,如果为了回答为什么长颈鹿斑比(斑比是一个长颈鹿)长有长颈而提供的理由是:它长有长颈可以生存得更好,那么这就是一个伪解释,因为这是共时性的。

从这里,我们可以看到科恩实际上强调倾向性事实的历史性检验,强调倾向性事实的历史重复性、习惯性和抽象性,而不是某个具体的个体经验或者某个具体的事件。他主张的倾向性事实是原理,是历史事实的总结和概括,这样的功能解释类似于假说的证实过程。功能解释的逻辑形式是前面的公式 6.1,而假说的逻辑形式是公式 6.4,我们把它们写在一起来比较看看。

公式 6.1　(E→F)→E

公式 6.4　如果 p 且 q,那么 r。

　　　　　r,

　　　　　所以 p。

其中,公式 6.1 中的 F 是待解释项的功能,E 是待解释项,E→F 是倾向性事实;公式 6.1 表示:待解释项由倾向性事实来进行解释。在这里,没有第三个项 G 的出现,倾向性事实就可以解释待解释项的特征。这就是功能解释的逻辑图式。公式 6.4 中的 p 是假说,q 是推理得以进行的其他有关依据(相关的科学原理、规则或者已知为真的事实等),r 是结论(事实性陈述)。p 相当于功能解释中的倾向性事实,被解释的现象相当于 r,q 则大致相当于解释的条件(历时性特征)。被解释一次,会加强倾向性事实的可靠性,但不能保证倾向性事实的必然性。同时,倾向性事实对被解释现象的解释真实性依赖于倾向性事实的历时性特征。如果用前面"长颈鹿长有长颈是为生存得更好"的例子来说明的话,p 就是:长有长颈可以生存得更好,q 就是:所有的长颈鹿都有 p 规律,r 就是:某个长颈鹿(如:斑比)长有长颈因而生存得更好。r 的每次为真都会加强 p 的真实性,但不能保证 p 必然真,因为 q 本身是一个归纳命题,是或然真。

此外,需要注意的是,功能解释的结构模型"(E→F)→E"中的"倾向性事实"(E→F)必须是真的,否则就无法保证这是一个真的功能解释,因为从假的前提可以推出任意的结论。例如,命题"如果 2+2=5,那么雪就是黑的"和"如果 2+2=5,那么雪就是白的"都是真的,并且它们都是逻辑上为真,即重言式。但是,这两个命题没有现实意义,因为前提是假的,从它可以推出矛盾来。在现代逻辑中,表达这个思想的公式是:(¬p)→(p→q),也就是说:假命题蕴涵任意命题。因此,作为推理出发点的前提必须是真的。在功能解释中,作为前提的"倾向性事实"蕴涵待解释项,所以"倾向性事实"必须为真。我们看一个反例,"小张昨夜失眠,因为他傍晚喝了 3 杯咖啡",这个功能解释的"倾向性事实"是:"如果小张傍晚喝 3 杯咖啡,那么他夜里就失眠",但是,我们认为这个功能解释(至少有可能)是假的,因为"如果小张傍晚喝 3 杯咖啡,那么他夜里就失眠"这个"倾向性事实"(可能)是假的,除非有充分的证据证明完全不可能发生小张傍晚喝 3 杯咖啡并且夜里不失眠的情形。另外,被解释现象 E 也必须是真实的,也就说,功能解释只解释真实存在的事物情况,不能解释虚假的情况。因为在公式(E→F)→E 中,如果 E 为假,则不论 F 取什么值(真值或假值),公式(E→F)→E 的取值就都为假。

四、功能解释的运用机制

在论述功能解释的结构和真实性问题之后,接下来的问题是:如何具体运用功能解释?

首先,关于何种情况下提出功能解释,科恩认为,不必等到有详细的说明之时,而是可以在有一定的证据后就提出。例如,原始人摩擦石块取火,虽然他们当时不知道为什么摩擦能够生火,但是他们已经知道火的出现是因为摩擦石块,这时候就可以提出功能解释:正是因为知道"摩擦石块就可以生火"这一命题是真的,所以原始人摩擦石块。科恩对何种情况下可以提出功能解释的论述非常少,因为在他看来,何种情况下可提出功能解释是一个必然会引发大量争议的理论问题,因为这个问题直接关涉他的主张,即历史唯物主义是一种功能解释。在这里,科恩绕过这个问题,直接讨论功能解释的运用机制。因为如果功能解释的运用机制是有效的,那么就会加强功能解释理论的合理性和可靠性。

科恩以"规模产生经济效益的事实"(倾向性事实)与"规模扩大的事实"(后果)之间的联系为例,阐述了功能解释的运用机制,即四种主要的功能解释说明方法,它们是:(1)合乎意图的说明,(2)代理人式的说明,(3)达尔文式的说明和(4)拉马克式的说明。其中,前两种说明是"意图"式的,包括自己的意图或者通过代理人表达的意图,后两种说明是"环境"式的,包括有选择意图参与的环境和单纯的环境。如果以科恩的例子来说明的话,"合乎意图的"功能解释就是指这样的情况:企业进行规模扩大是因为企业知道规模能够产生经济效益这个事实,并且希望出现这样的结果。这样,规模扩大就成为企业的一个有意图参与的活动。"代理人式的"功能解释是"合乎意图的"功能解释的特殊形式,它指企业的意图通过一定的代理人来实现。"达尔文式"功能解释则突出偶然变异、匮乏和选择,即企业扩大规模不是因为认识到了倾向性事实这样的知识,而是因为环境变化使中小企业或者说现行的企业规模不足以维持企业的生存,而可供选择的方案就是扩大企业规模。所以说,"达尔文式"功能解释是环境使然和主体选择使然的两者结合。"拉马克式"功能解释则指这样的情况:企业进行规模扩大活动,不是企业有意识去改变或者选择的结果,而是企业在其环境中的自然发展的结果。

在这四种功能解释方法中,如果我们以对"倾向性事实"的认识为依据进行划分的话,那么前三种方法都(通过自身或者代理人)认识到了"倾向性事实",只有第四种方法没有认识到"倾向性事实"。当然,这不意味第四种方法不能运用"倾向性事实"来进行功能解释,因为主体认知与实际情况是两个不同的问题。另外,如果我们以革命性来进行划分,那么第一种方法最革命,因为有主体的阶级意识起作用。第三种次之,虽然是由环境逼迫而进行变革,但是仍有主体选择意图的参与,它是一个环境改变和主体选择的交错过程,是进化论式的功能解释;它最类似于实践唯物主义,但在本质上不同于后者,并由此给人们带来很大的认识混乱。第二种再次之,通过代理人进行,主体自己却是(被)蒙蔽的,没有认识到"倾向性事实",但是好在通过代理人来进行变革,主体有可能在变革过程中被解蔽。第四种最保守,因为整个活动是自然演化的过程,完全抹杀或者至少是没有显示出主体的有意识参与,主体纯粹成为环境的产物。这四种方式在现实中不是单独存在的,而可能是综合交叉复杂地存在着。

第二节 唯物史观运用的是功能解释吗?

前面对功能解释理论本身的有关问题进行了比较详细的阐述,接下来谈谈功能解释与唯物史观之间的关系,以及如何认识和反思这样一种独特的解读方式。

第六章 功能解释和唯物史观

一、唯物史观运用的是一种功能解释

在科恩看来,历史唯物主义的主要解释方式在形式上是功能解释。具体来言,生产力—生产关系,经济基础—上层建筑,社会存在—社会意识,生产方式—社会生活、政治生活和精神生活,这几个组合中都有两个(类)项,第一项以某种方式解释第二项。科恩认为,这里"解释"的含义是什么不是重要的,重要的是什么样的解释能够使组合关系得到最好的解释;而能够担此重任的最好解释就是功能解释,理由是它"有助于使被解释现象作为原因的能力和它们在解释顺序中的次要地位之间获得一致性"①。例如,功能解释能够将生产关系对生产力的反作用力量和生产关系作为被决定者的地位协调起来。举例来说,马克思在《〈政治经济学批判〉序言》中的经典解释是:

(1) 一个社会的生产关系特征由这个社会的生产力状况来解释。

(2) 一个社会的上层建筑的性质由这个社会的经济结构来解释。

马克思还有两个相关的命题:

(3) 生产关系促进生产力的发展。

(4) 上层建筑稳定经济结构。

科恩认为,能够最好地把(1)和(3)、(2)和(4)协调起来的解释方式就是功能解释,但是需要注意的是,并非从(1)到(4)中的哪一个单独的命题是功能解释,而是(1)和(3)、(2)和(4)分别构成两个功能解释,也正是(1)至(4)这四个命题使我们把历史唯物主义的主要解释方式看作是功能解释。科恩之所以主张唯物史观是一种功能解释,他的根本出发点是要为马克思历史理论的逻辑一致性提供证明,是要实现他的初衷:为马克思历史理论做学术上的辩护,建立"站得住脚的"历史理论。

那么如何论证唯物史观是一种功能解释呢?科恩运用的方法主要

---

① 参见 G. A. Cohen, *Karl Marx's Theory of History: A Defence*, p. 278。

有两种：反证法和例证法。

在第一种方法中，科恩指出反对唯物史观是功能解释的情况主要有两种错误类型：一是混淆了先行陈述和功能陈述这两种陈述与功能解释之间的区别；二是过于注重功能解释与功能主义之间的历史联系，而没有看到它们之间在逻辑上没有必然的联系。

首先，在解释先行陈述和功能陈述这两种陈述与功能解释的区别时，科恩引用了 P. 科恩（Percy Cohen）所举的一个很长的例子，即："宗教的存在是为了维护社会的道德基础……[和]……国家的存在是为了协调在复杂的社会中发生的各种活动。在这两个情形中，后果是用来解释原因的；道德秩序和协调的最终状态被用来解释宗教和国家的存在……批判者正确地主张这类解释是公然反对逻辑法则，因为一件事情不可能是另外一件事情的原因，如果它在时间上是继它之后发生的话。"[1]这段话中既有先行陈述又有功能陈述。我们知道，先行陈述谈论的是一个现象在另一个现象之前，它不是一种功能解释，因为人们不会以下面的话作为宗教存在的解释：

（1）宗教是维护社会秩序的需要；

（2）宗教存在因为它是维护社会秩序所必需的。

其中，（1）是功能陈述，它可能是真的，但它不一定是真的功能解释，因为没有语境表明它是在回答"为什么—问题"。（2）是一个伪功能解释，因为维护社会秩序可能确实需要一个宗教，但是把这作为宗教存在的原因可能就不是真的。譬如说，在某国的某个历史时期宗教的存在不是维护社会秩序的需要，而只是民众的心理寄托因素或者是科学还没有发达到足以解释所有的现象或者为了发动战争或者其他情况等原因造成的。（2）是可能真也可能假，即亚里士多德说的偶然真，但即使它是真的，也不是因为（1）是真的。实际上，（2）是一个先行陈述（precedence-statement），是说一个事件先于另一个事件，但是"单纯的 f 先行于 e 并

---

[1] P. Cohen, *Modern Social Theory*, Heinemann Educational Books Ltd, 1968, pp. 47 - 48.

不能保证 f 引起 e",也就是说,先行陈述不一定是一种解释。在这里,P. 科恩实际上是把功能解释看成了先行解释和后果解释,即用后出现的现象来解释先出现的现象,用后果来解释原因,这是对功能解释概念的一种误解。至于说先行陈述在什么条件下能够成为功能解释,根据功能解释的定义,当一个先行陈述"事件 f 先行于事件 e"涉及概括(也就是规律)时,它就是功能解释。

关于(1)与(2)之间的关系,我们不妨以逻辑学中的特称肯定命题(SIP)和特称否定命题(SOP)为比方,来做进一步的说明。举例来说,SIP 如"有的企业家是大学毕业",SOP 如"有的企业家不是大学毕业",在 SIP 和 SOP 的真值推演关系中,"有的企业家是大学毕业"为真不能推出"有的企业家不是大学毕业"为真,因为前者的真只是断定"企业家"和"大学毕业者"两个概念外延之间是相容关系,而概念外延之间的相容关系有四种(即:全同关系、真包含于关系、真包含关系、交叉关系),并不是每一种情况下 SOP 都逻辑地为真。虽然从 SIP 真不能推演出 SOP 真,但是 SIP 真并不排斥 SOP 也为真。在 S 与 P 外延之间为真包含关系或者交叉关系的情况下,两者都为真。例如,"有的企业家是大学毕业"和"有的企业家不是大学毕业"在某个可能世界(比如我们生活的现实世界)中就是同时为真。

其次,功能解释不同于功能主义。功能主义的主要代表人物马林诺夫斯基(Bronisław Malinowski)和雷德克里夫-布劳恩(Alfred Reginald Radcliffe-Brown)[①]认为功能主义主要有三个命题:

(1) 社会生活的全部要素都是互相联系的。它们强烈地影响彼此并聚集"形成一个不可分离的整体"[②]。(互相联系命题)

[①] 尽管他们两个人有不同的人类学立场,马林诺夫斯基主张文化的功能是满足个体的需要,雷德克里夫-布劳恩主张文化的功能是满足作为整体的社会的需要,但是他们在社会人类学中都持功能主义观点。

[②] B. Malinowski, *Argonauts of the West Pacific*, London: G. Routledge & Sons, 1922, p. 515.

（2）社会生活的全部要素彼此支持或加强，因此也支持或加强它们聚集构成的整个社会。（功能互相联系命题）

（3）每一个要素之所以是其所是，是因为它对整体的贡献，正如在(2)中所描述的那样①。（解释性功能互相联系命题）

在这三个命题中(3)包含(2)，(2)包含(1)，它们构成关于社会生活的功能主义理论。科恩认为，马克思主义者曾经强烈反对功能解释的一个重要原因就是(2)的含义是保守的，正如雷德克里夫-布劳恩的"社会制度功能一致"原则一样，如果社会生活的全部要素都服务于一个目的，那么就没有要求社会变革的空间，这显然会给阶级矛盾和阶级斗争理论带来不可理解性。针对这个问题，科恩的解决办法是，肯定功能解释，同时不认可(1)至(3)中的任何一个。并且科恩认为，唯物史观的功能解释是革命的，因为它预言社会的转变并主张社会转变的激烈性。这样，虽然功能主义是保守的，为现存的社会制度提供解释，但是，唯物史观的功能解释却可以是革命的，为旧社会向新社会的变革提供理论支撑。进而言之，如果说功能主义主张所有的现象都是功能解释，那么这种功能主义就是假的；但是，如果说功能主义主张部分现象是属于功能解释的，那么这种功能主义就是真的。这样一来，科恩就断开了功能主义与功能解释之间的必然联系。

在第二种方法方面，科恩关于生产力与生产关系之间的关系、经济基础与上层建筑之间关系的论述就是论证马克思历史理论是功能解释的主要体现。关于这些论证，我们在本书第四章和第五章中已经论述过。同时，科恩在《马克思的历史理论：一个辩护》第十章中专辟一节，通过阐述意识形态的产生和传播以及经济结构适应于生产力状况来进一步论证马克思的解释主要是功能解释，从而再次为"唯物史观主要是功能解释的"提供例证。其中，关于意识形态产生和传播的功能解释经常被指责为"历史阴谋论"的问题，科恩认为功能解释的非意图性的方法提

---

① G. A. Cohen, *Karl Marx's Theory of History: A Defence*, pp. 283-284.

供了驳斥这个"历史阴谋论"的论据。因为无论意识形态的产生和传播的功能是否被意识到，它们总是维持和保护现存的意识形态的。另外，一种类型的经济结构被另一种类型的经济结构所替换，或者说一经济结构内部的量变性调整，都是因为经济结构对于生产力的适合性。经济结构一定要适合生产力的发展状况，否则，它就会被替换或者被调整。在功能解释这里，需要强调的是，"倾向性的事实"实际上就是行为模式，就是规律，而不是单一的事件。

二、对功能解释方式的批判

自功能主义应用的领域从生物学、语言学扩展到哲学社会科学以来，就一直有反功能主义的观点存在。也有学者把功能解释直接等同于功能主义进行批判，正如前面的论述一样，这种观点已经被指明是不对的，但这里的问题是：功能解释在分析的马克思主义者内部也一直受到指责和批判。如果说科恩等人主张历史唯物主义是功能解释的并且功能解释具有科学性的话，那么埃尔斯特和罗默等人则认为功能解释正是马克思主义理论中的薄弱所在，是一种目的论的产物，缺乏微观基础的说明，不是科学，并且因此他们对"马克思主义的功能解释倾向"进行了严厉的批判，主张用方法论的个体主义和理性选择理论来代替功能解释。针对这样的批判，科恩进行了回击，从而形成关于"唯物史观是否主要运用了功能解释？"的学术争论。在这里，我们不想过多考察其他人的责难，而主要看埃尔斯特对功能解释的批判情况以及科恩和范帕里斯（Philippe van Parijs）等人对这个问题的回应，因为这是来自分析的马克思主义者内部的不同见解，将更能区分不同的分析的马克思主义者对这个问题的态度。

埃尔斯特的批判主要围绕三个问题进行，那就是："马克思运用了功能解释吗？如果运用了，那么他是否成功运用了这一解释？如果没有成功,那么他的解释是否能够被改进?"①围绕这三个问题,我们可以把埃尔斯特对功能解释的指责和批判主要分为三个方面。

其一,肯定马克思的理论中有大量的功能解释运用,但同时指出这正是马克思理论的软肋所在。埃尔斯特在其代表作《理解马克思》中指出在马克思的历史哲学、生产力发展理论、政治和意识形态的上层建筑理论以及其他很多理论中都有功能解释的运用,他比较详细地论述了在这些理论中马克思运用功能解释的种种表现,然后得出结论:"马克思对运用这种解释有强烈的爱好,但是他却没有为之提供任何支持证据。同时,许多非马克思主义的功能主义的社会学支持者也运用类似的解释。这种情况是如此的令人困惑以致使功能解释本身似乎也需要一种解释。"②具而言之,例如,埃尔斯特提出,在生产力发展理论中,科恩已经表明生产力的首要性必须被功能性地理解,但是科恩在阐述这一点的过程中也就表现出了"首要性命题"是多么地令人难以置信。再例如,在马克思的历史哲学方面,埃尔斯特认为,马克思对于无产阶级革命的态度被他对无产阶级有必须改变资本主义航向的历史使命的信仰所深深影响,即使功能解释适宜于解释事物现象为什么存在,那么它也不适宜于解释事物现象的变化过程,因为如果这样做的话,由于受"功能主义和目的论的影响",马克思对资本主义的态度就有了一种为满足解释需要而进行解释的随意性,所以说,社会学的功能主义解释是建立在对生物学的错误类比之上。当然,科恩是不同意这个观点的,科恩的反驳是,"埃尔斯特想把马克思主义和博弈论结合在一起。但是,我不会说我想把马克思主义和功能解释结合在一起,因为我认为功能解释是马克思主义所固有的"③。这样,科恩就把功能解释看成是马克思主义内在的一种解释,从而与马克思主义"同呼吸,共命运",可以得出的一个推论是:反驳功能解

---

① Jon Elster, *Making Sense of Marx*, Cambridge University Press, 1985, p. 27.
② 同上书,第28页。
③ A. Callinicos, *Marxist Theory*, Oxford University Press, 1989, p. 96.

第六章 功能解释和唯物史观

释,就是反驳马克思主义。至于说科恩对唯物史观的功能解释分析得怎么样,那不影响他的这个基本主张。

那么,究其根底,唯物史观是否主要运用了功能解释呢? 有的学者认为,"科恩是以对马克思相关论述的错误理解为前提而提出他的功能解释的,因而,功能解释决不是马克思主义本身所固有的,而是科恩外加给马克思的"①。我们基本同意这个观点,因为马克思对"生产力—生产关系、基础—上层建筑"基本原理的解释是从事物整体出发进行的内部分析,是要辩证地把握历史发展的内在矛盾,而科恩主要把它们当作一种外在的关系来进行处理,是一种外在性解读;更遑论马克思是针对资本主义的社会现实进行的生存论意义上的历史唯物主义的阐说,而科恩则主要是"科学方法论"的形而上学制式分析,所以说,他是无法真正理解马克思的。

其二,马克思是否成功运用功能解释,也就是功能解释的可靠性问题,功能解释是否有合理的机制问题。埃尔斯特认为,社会科学中的功能解释缺乏像生物学中"自然选择机制"一样的可靠性保证,缺乏可靠的微观基础,所以,"在社会科学中没有功能解释的地位"②。罗默也提出同样的问题,认为功能解释是归纳方法,自然就会要求在重复的历史事实之间建立对应关系,但马克思的功能解释对这种对应关系的微观机制却没有说明,这是不能令人信服的③。关于这个问题,科恩则认为,当功能解释成立时,就会有某种机制在起作用,至于这个"机制"具体是什么,则没有必要在不弄清楚它之前就不能采用功能解释。为此,他还举了一个"摩擦生火"的例子来说明他的观点。一个人可以在不知道氧气对燃烧起作用的前提下,从火柴摩擦就生火的经验事实中得出结论:火柴的燃

---

① 段忠桥:《谈谈科恩对生产力和生产关系相互关系的功能解释》,《哲学研究》2005 年第 5 期,第 38 页。
② Jon Elster, *Ulysses and the Sirens*, Cambridge University Press, 1979, p. 26.
③ 参见 John E. Roemer, "Methodological Individualism and Deductive Marxism", *Theory and Society*, 11 July, 1982, p. 513。

烧是因为它被摩擦。这就是说,在科恩看来,机制的合理性问题并不影响功能解释的运用,这是两个不同的问题,它们之间没有必然的联系。

如果说科恩是从问题的经验合法性方面来消解"机制问题"的话,那么范帕里斯则希望能从逻辑上正面回答这个问题。他论述了作为社会科学功能解释的"反复强化"(reinforcement)和"吸收状态的马尔可夫过程"(absorbing Markov process)模式,这实际上是把生物界的自然选择机制引进社会科学的解释之中。例如,可以把习俗看作是生活习惯在再生产过程中依其满足人类需要的程度而不断被选择的过程,在这个过程中适宜人类需要的生活习惯就得到"反复强化"并被人类生活所"吸收"而成为习俗,否则就会在选择的过程中消失。这里面含有两个函项,一个是"反复强化",主要指事物对其功能的有意识的确认过程;一个是呈现"吸收状态",主要指一个过程在得到某一状态后就不会再离开这种状态。如果用这个模式来解释上层建筑的选择过程,那么就是:在一定的经济结构前提下,统治阶级会尝试不同的上层建筑模型;从有利于稳固和促进经济结构的良性变化并进而有利于生产力发展的需要出发,统治阶级能够在尝试中发现哪一种上层建筑模型最好,最适宜于当前的经济结构,从而把这种上层建筑模型固定下来,使之出现"吸收状态"。从这个模式的运用,我们可以看出,范帕里斯实际上还是借鉴了生物学的进化选择机制来为功能解释提供可靠性证明。

其三,合理的功能解释是否需要馈环(feedback loop)。埃尔斯特的观点是,功能解释需要馈环,馈环是功能解释成立的必要条件。科恩的观点是,功能解释的成立可以不需要馈环,即馈环不是功能解释成立的必要条件。那么,他们各自是如何论证的呢?

埃尔斯特认为,一般来说,有三种解释模式:因果解释是物理学的主要解释方式;意图解释涉及人的信念和欲望,所以它是社会科学的主要解释方式;功能解释则是生物学经常使用的解释方式。而科恩把功能解释运用到唯物史观,不是不可以,但需要增加类似生物学解释中的"馈环"来保证其解释的有效性。埃尔斯特认指出,在运用于唯物史观时,功

第六章　功能解释和唯物史观

能地解释一个行为就包含了要说明这个行为对人或物的有益后果,从而把功能解释和有益解释联系起来。这样,就会产生一个矛盾:"一个行为如何能根据在其后发生的事情而得到解释呢?"[①]而科恩对这个问题的回答是,功能解释中的待解释项不是一个个体事件,而是一个持续的行为模式,也正因此才能使行为在 t1 时的后果归因于其在 t2 时的功能。换句话说,功能解释本身假设了从"解释项"到"待解释项"中间有"馈环"的存在。这是埃尔斯特的论证,即功能解释需要"馈环"。如果以逻辑形式的方法来表示,则是:

解释6.3:一种制度或者行为模式 X 由其对群体 Z 的功能 Y 来解释,当且仅当,(1)Y 是 X 的后果;(2)Y 对 Z 是有益的;(3)Y 不是创造 X 的行为者们有意图的(后果);(4)Y(至少是 X 与 Y 之间的因果关系)不为 Z 中的行为者所认识;(5)Y 通过经由 Z 的因果馈环而维护 X[②]。

这里给出了功能解释成立的充分必要条件,我们从解释6.3可以得出:如果没有条件(5),那么功能解释就是不成立的。如果仍以前面的长颈鹿例子来说明的话,"某些长颈鹿"就是 Z,"长颈鹿的长颈"就是 X,"具有获得更多树叶的功能"就是 Y。那么,条件(5)表示的就是:长颈所具有的获得树叶的功能通过对某些长颈鹿的因果关系(使它们更容易再生产)而使长颈被保留了下来。反过来说,长颈能够被保留下来,说明其已经经过了无数次的因果馈环;如果没有因果馈环,长颈能被保留下来就是不可理解的。但是,科恩认为,不是馈环使这个解释成为功能解释,而是倾向性事实使然。也就是说,科恩认为,不是条件(5)使上面的功能解释成立,而是下面的条件(6)使上面的功能解释成立:

(6) 如果长颈鹿有长颈,那么它就能更好地生存。

很显然,科恩和埃尔斯特的区别主要在于对功能解释发生机制的认

[①] John E. Roemer, *Analytical Marxism*, Cambridge University Press, 1986, pp. 27-28.
[②] 这是根据埃尔斯特的论述给出的逻辑形式,参见 Jon Elster, *Making Sense of Marx*, pp. 27-29。

识不同。此外,科恩列举出没有馈环而功能解释能够成立的例子。例如,某一种新产业的生产规模扩大是因为经理们意识到规模扩大会带来经济效益这个倾向性事实①。这样,科恩就反驳了埃尔斯特的功能解释必需馈环的观点。当然,埃尔斯特并不认同,两种不同观点之间的争论一直存在,只是没有 20 世纪 80 年代那么热烈而已。

最后,如何看待科恩认为唯物史观是一种功能解释的主张。一种有代表性的观点是:"科恩是以对马克思相关论述的错误理解为前提而提出他的功能解释的,因而,功能解释决不是马克思主义本身所固有的,而是科恩外加给马克思的。"②但是,我们更倾向于认为,科恩的意图是给唯物史观建立可靠的科学根基,他的方法主要是分析哲学的处理技术以及现代西方主流的社会科学方法论。对于关于历史的真理,我们不但需要从"感性活动"的意义上进行理解,更需要从逻辑学的角度出发来加以证明。前面的论述显示出,与其说功能解释是对唯物史观的一种学院派的形而上学解释,或者说是对唯物史观的一种"错误的解读",毋宁说这是对唯物史观进行逻辑学证明的一次重要尝试。正如科恩本人在回应沃尔特(Steven Walt)时指出的那样:"沃尔特批判我引进一种形而上学成分和一种社会理论成分。我将详细回应他的形而上学责难,但是,我不得不说,我不同意沃尔特对我在这里有多么涉及形而上学的评价。我认为,如果我们能够直接获得社会理论——我希望在这里为这个目标做些事情——那么形而上学就能够按照要求来调整,即使只是作为一个业余的形而上学者,我也不会是那个尝试所需调整的最佳者。"③可见,科恩反对形而上学指责,他认为自己只是在运用一种合适的方式讨论历史理论。可以说,在这个意义上,至少在这个意义上,主张唯物史观是一种功

---

① 参见 G. A. Cohen, "Functional Explanation, Consequence Explanation and Marxism", *Inquiry*, (25)1982, pp. 27 – 56。
② 段忠桥:《谈谈科恩对生产力和生产关系相互关系的功能解释》,《哲学研究》2005 年第 5 期。
③ G. A. Cohen, "Walt on Historical Materialism and Functional Explanation", *Ethics* Vol. 97, No. 1 (Oct. 1986), pp. 219 – 232。

能解释，就不但没有丝毫地削弱唯物史观本身，反而加强了唯物史观的科学性。

第三节 "分析的马克思主义"是"马克思主义"吗？

"分析的马克思主义"是"马克思主义"吗？这是一个归属性问题。

在"分析的马克思主义"这一名称因为埃尔斯特在芝加哥大学的课程名称尤其是罗默编辑的论文集名称而为公众所知以后，就产生了一个"不是问题的问题"："分析的马克思主义"是"马克思主义"吗？或者逻辑地发问，"分析的马克思主义"和"马克思主义"这两个概念的外延是"真包含于关系"吗？

科恩对这个问题的回答是："马克思建立了恩格斯所称的'科学社会主义'，使用最先进的社会科学资源在社会主义承诺的框架内至少在众多论题中研究了社会主义的本质和道路。我感到遗憾的是马克思主义后来被称作'马克思主义'，替代了恩格斯对它的聪明称呼。如果贴的是'科学社会主义'标签，那么人们就会较少打算提出这个徒然无果的问题，'分析的马克思主义是**马克思主义的**吗？'"[①]在这里，科恩以一个假设条件句消解了问题本身，也就是说这本身几乎是一个不是问题的问题，因为它只是历史上的命名问题。那么，这就是科恩的全部态度吗？对名称无所谓吗？不是！科恩在两段话之后这样写道："科学社会主义被称作'马克思主义'是不幸的。它的名称使之错误地同化为宗教的而非科学上的范例。今天，如果马克思主义仍然被称为'马克思主义'不只是一个事实，并且也是适当的，那么马克思就失败了。他失败在未能建立起一种科学。正如在某些地方他已变成的那样，他已经成为一个和佛或者

---

① G. A. Cohen, *Karl Marx's Theory of History：A Defence*, p. xxvii.

索罗亚斯德①一样被崇拜的形象。"②从这里可以看出,科恩的真正态度是反对使用"马克思主义"这个名称来命名马克思所开创的理论和事业,其中一个重要的原因是他认为这个名称会难免与教条主义和个人崇拜有关。科恩甚至以自然科学的学科名称为例进行相应比较,他指出虽然伽利略建立了物理学,并且伽利略说的许多话到现在都还是真的,但是物理学家并不称他们自己是"伽利略主义者"或者"牛顿主义者",科恩认为原因就在于物理学是一个不断进步的学科,没有人会期待它一直**保留**其建立者的命题。因此,物理学必须同伽利略和牛顿所说的许多东西相抵触:只有这样才是忠诚于他们所建立的传统。科恩进一步指出:"宗教不被期望取得进步,所以它们拥有'佛教'和'波斯教'的名称是适当的。对追随他们的那些人来说,关于索罗亚斯德或者佛或者基督的最伟大事情就是他们**一劳永逸地**揭示了真理。"③科恩的这一观点也许有些偏激,但是他在这里想说的至少有两点:一是,一个进步的学科应该像物理学那样以自己的研究主题命名学科的名称,而不应该像宗教那样命名,那容易被认为似乎他们就已经掌握了真理,不需要再进步,剩余的问题只是信仰和遵循教条进行实践活动而已;二是,只有突破学科建立者曾经主张过的一些甚至许多命题,才是对学科传统的最好继承。具体到马克思主义来说,必须进行理论创新,才是对马克思主义的真正继承和发展。

关于"马克思主义"和"科学社会主义"的称谓问题,在日本共产党那里也有反映。日本共产党在其党章中不使用"马克思主义"这个称谓,而使用"科学社会主义"这个名称,他们的理由④主要是:其一,个人思想总是要被突破的,只有"科学社会主义"思想体系才是对资本主义到共产主义的整体理论概括。在共产主义运动史上,马克思主义、列宁主义都是

---

① 索罗亚斯德:波斯预言家,琐罗亚斯德教(亦称波斯教、拜火教、袄教)的创始人,对于其身世人们知之甚少。
② G. A. Cohen, *Karl Marx's Theory of History: A Defence*, p. xxvii.
③ 同上。
④ 侯惠勤:《马克思主义的当代价值——与日本共产党理论交流报告》,2007 年 4 月 3 日,参见网页 http://myy.cass.cn/file/2007040327440.html。

科学社会主义理论的一部分。从部分属于全体的意义上,自然是"科学社会主义"概念更合适。同时,使用"科学社会主义"名称更有利于这个理论的发展和创新。其二,追根溯源,马克思本人曾明确反对使用"马克思主义者"这个词。针对19世纪70年代末的法国"马克思主义者",马克思本人明确表示:"我只知道我自己不是马克思主义者。"[①]马克思当年反对使用"马克思主义者"这个称谓,一个重要的原因就是为了防止他的理论被教条主义化的倾向和以及这个名称容易造成的个人崇拜倾向。如果说连"马克思主义者"这个名称都被马克思本人反对了,那么"马克思主义"还有使用的理由吗? 在这里,答案自然是否定的。具体到日本共产党,这个党曾经深受教条主义之害,自然也就强烈反对使用这个很容易造成教条主义后果的名称。其三,我们知道,马克思主义理论很多是被苏联重新解释过的马克思、恩格斯、列宁的思想,而不是他们本人的思想,被解释的结果是与作者本人的思想发生了差异甚至根本性的偏离。所以,日本共产党在其党章中不使用"马克思主义"这个形式意义上的名称,当然,这并不表示他们不赞成实质意义上的马克思主义。其实,他们在其他的地方尤其是学术研究中很多地方还是普遍使用"马克思主义"这个名称的。当然,这不影响他们认为只有使用"科学社会主义"名称才是真正地坚持"马克思主义"的观点。

当然,这只是"正名"之争,实际上虽然中国共产党自诞生之日起就一直在其党章和基本上所有的场合中都使用"马克思主义"这个称谓,有时候也同时使用"科学社会主义"这个名称,但是中国共产党一直反对教条主义和个人崇拜,一直主张坚持马克思的本真思想,坚持对马克思主义进行理论创新,这在马克思主义中国化和中国化马克思主义的过程中更清楚地为历史所明证。所以,我们认为这只是名称之争,并非实质性的分歧,关键是这个语词所表达的概念是什么。正如英文中的gift和德文中的Gift从语法拼写上一样(不考虑德语名词的第一个字母都大写的

---

① 《马克思恩格斯选集》第4卷,人民出版社,2012年,第599页。

话),也就是语词形式一样,但是表达的却是两个概念,前者表示"礼物",后者表示"毒药"。再如英文的"philosophy"和德文的"Philosophie"是不同的语词形式,但都表示"哲学"这个概念。这说明,语词形式一样的符号在不同的语境中可能表达两个截然相反的概念,而语词形式不一样的符号在不同的语境中也可能表达完全相同的两个概念。具体到"马克思主义"的称谓,我们不赞同把马克思主义和物理学进行对比,因为毕竟这两个学科之间有很大差别,分属不同的领域。其实,科恩本人也认识到这一点,他说:"当然,物理学和社会科学之间有很大的区别。社会科学不会并将永远不会像自然科学那样科学地发展。并且,当你要成为一个上等的物理学家而不需要阅读伽利略或者牛顿之时(读他们不是物理学家而是物理史学家的天职),迄今为止,我们还没有进步到可以停止阅读马克思。马克思和恩格斯的研究仍然是科学社会主义的教育中一个不可或缺的要素。"①这些表明,科恩意识到他的类比论证存在不恰当之处,或者说,有需要审慎对待的地方。这样的话,"分析的马克思主义"是不是"马克思主义"就不是一个简单的正名问题,而要看分析的马克思主义是否坚持和发展了马克思所开创的事业主题。

下面,我们来看罗默是怎么说的。罗默对这个问题的回答是:"为什么这类工作应该被称为马克思主义的? 我不能确定它应该是这样的;但是,这个标签的确至少表明它的某些基本的洞见被认为是来自马克思。"②也就是说,分析的马克思主义从理论渊源上承继自马克思的议题,并且,在自觉或不自觉地发展着马克思主义。正如罗默指出的那样:"事实上,今日马克思主义的最伟大使命恐怕就是建构一种现代的社会主义理论。这样的一种理论必须包括对现代资本主义的无效性和不正义性的解释,以及一套能够在可行的社会主义社会中减缓这些缺陷的理论蓝图。我认为,分析的马克思主义的方法和工具正是这样的一种理论所需

---

① G. A. Cohen, *Karl Marx's Theory of History: A Defence*, p. xxvii.
② John E. Roemer, *Analytical Marxism*, p. 2.

要的东西。"①我们认为,罗默基本上抓住了问题的核心,也正是从这个意义上,"分析的马克思主义"是属于"马克思主义"的,即"分析的马克思主义"和"马克思主义"在外延上是真包含于关系。

至于分析的马克思主义者是不是马克思主义者,他们中很少有人真正关心这一点,他们关心的是自己方法论的科学性,关注自己的思想是"非胡说的";同时,他们关心马克思主义的价值目标如何实现。正如科恩所说:"在以下意义上,我们都是马克思主义者,我们热情地相信许多真正的马克思主义命题,尤其历史是阶级斗争的历史,资本主义是一种压制人潜能发展的不公平的剥削制度,在一个没有剥削的社会里人的潜能得以很好的发展是可能的,并且这个社会用那些传统的社会民主主义者没有超越的方式是不能达到的。但是正如我说的,我们不相信一种特殊的马克思主义方法,也不相信劳动价值理论。我们都相信资产阶级经济学基本上是合理的,它有资源来纠正它自身的不足,并且社会科学和哲学中的主流分析技术是十分丰富的。"②再如埃尔斯特,当他被问到是不是马克思主义者时,他含糊其词地说:"我不能肯定。但马克思所说的自我实现、社会公正是很重要的,从这一点说,我是马克思主义者。"③而关于现时代马克思主义理论的生命力问题,他则说:"马克思的科学社会主义理论、辩证唯物主义理论、基于目的论的'功能解释'方法以及他的政治经济学研究和生产力、生产关系理论都已经死去,只有那些含糊不清的异化理论、剥削理论、意识形态和阶级斗争理论还在某种意义上活着。"④也就是说,埃尔斯特只是部分认同,或者说对马克思的部分观点仍持赞同的立场,他不太关心自己是否被看作是一个马克思主义者。罗默则明确说:"分析的马克思主义者与诸如罗纳尔·德沃金、约翰·罗尔斯

---

① John E. Roemer, *Analytical Marxism*, p. 2.
② G. A. Cohen, "On the Birth of the September Group", not published, 2004.
③ 余文烈:《分析学派的马克思主义》,重庆出版社,1993年,第21页。
④ Jon Elster, *Introduction to Karl Marx*, the Press Syndicate of the University of Cambridge, 1986, p. 186.

和阿马蒂亚·森这样的非马克思主义哲学家根本没有明显的区别。"①所以说,分析的马克思主义者或者不关心自己是不是马克思主义者或者否认自己是马克思主义者,他们真正关心的是如何科学地维护和发展马克思理论中"合理的"思想。

从1970年分析的马克思主义作品的首次出现到今天,分析的马克思主义已经走过四十多年的历史。现在,分析的马克思主义作品仍然保持着严格分析的研究风格,为问题提供清晰表达和严格论证,文本无不显示出其"主流方法论"的特征。但是,如前所述,分析的马克思主义研究的主题已经发生非常大的改变。科恩是从历史唯物主义研究转向政治哲学研究,罗默是从剥削研究转向分配正义和市场社会主义研究。一个无可争议的基本事实是:当前分析的马克思主义者"保留了马克思的平等主义和民主价值理念,但他们正在放弃马克思对资本主义社会分析的细节、方法和对未来社会的描绘。至于是否仍将保留'马克思主义'的称谓,这将是一个历史学问题,而不是一个哲学或政治学问题"②。

分析的马克思主义作为当代西方学院派马克思主义的一种学术努力,也许一方面正如恩格斯说的那样:"可惜人们往往以为,只要掌握了主要原理——而且还并不总是掌握得正确,那就算已经充分地理解了新理论并且立刻就能够应用它了。在这方面,我不能不责备许多最新的'马克思主义者',他们也的确造成过惊人的混乱……"③但是,另一方面,我们必须正视他们的真诚努力,因为他们运用逻辑实证主义的分析方法来实践对社会主义的忠诚,这对于浸染历史人本主义传统的我国马克思主义研究,无疑是一个可资批判性借鉴的新视野。

---

① John E. Roemer, *Analytical Marxism*, Cambridge University Press, 1986, p. 199.
② [英]克里斯多夫·贝塔姆:《剖析分析的马克思主义》,刘斌译,《现代哲学》2003年第4期,第37页。
③ 《马克思恩格斯选集》第4卷,第606页。

结　语

> 托克维尔不同于马克思和黑格尔,他发现了在不同的社会领域之间存在的联系,这种联系同心理方面的吸引与排斥有关系,而同功能方面的必要性与对立性没有关系。我不是在说,结构功能主义方法没有价值。一个政治体系通过提供刺激因素或阻碍因素,甚至通过保证动机的持续性,可以塑造或抑制经济活动(反之亦然)。然而,我相信,尽管不太有把握,最终可以发现,更重要的因果联系位于偏好形成领域中。
>
> ——[美]乔恩·埃尔斯特《政治心理学》

关于科恩历史哲学的精神旅程即将结束,在这个旅程中,我们深深体会到:分析不仅是一种态度,还是一种方法,更是一种品格。分析是对内在信念的认真审视,是对理论的论证式反思,对分析的运用能够打开一个全新的视域。

现在,我们简要回顾一下,本书通过对科恩历史哲学较为详细而系统的论述,形成以下几个基本判断。但是,这几个基本判断只有被一起审视时才具有意义,否则可能会产生不同的甚至截然相反的结论。

一、科恩是分析的马克思主义的创建者和旗手

从组织平台"九月小组"和标志性作品《卡尔·马克思的历史理论:一个辩护》的意义上来说,没有科恩,就没有分析的马克思主义。作为主

要的创建者、组织者和理论旗手,科恩对于分析的马克思主义成为国际学界一个有重要影响力乃至"最有前途的"马克思主义思潮,可谓居功至伟。这从科恩 2009 年逝世之后国际学界的巨量纪念性研究中就可略见一斑。科恩前期的研究成果主要集中在对历史唯物主义的分析和重构,这既是对马克思"两大发现"之一的一种重新思考,又是英语世界哲学家的一种理论自觉。对此,有学者评价说:"分析的马克思主义基本上是英语世界中的马克思哲学的现象,自觉地展示出英国哲学的'共同常识'。"①

二、科恩对马克思议题的价值持一种"信仰而不奉承"的政治立场

科恩"承认马克思主义是 19 世纪的社会科学。如此一来,按照现代的标准,它必定是粗糙的,在细节上是有错误的,甚至某些基本主张也是错误的。但是,在解释某些历史阶段和历史事件时,它似乎表现出很强的说服力,以致人们觉得其中必定有一个需要澄清和阐发的合理内核。人们是不会因为一件好工具在某些用场上失灵而把它扔掉,尤其是在没有发现一件更好工具的情况下"②。为回答为什么这件工具有时候好用而其他时候不好用这个问题,我们就必须对其持一种科学的态度。

可以说,因为从小的家庭环境、学校教育和社会生活,科恩对马克思主义和社会主义有一种天然的亲近感和认同感;而大学时代的马克思经典阅读和分析哲学训练,让科恩对历史唯物主义和社会主义平等主义产生出一种理性的信仰。如果说归类是为理解上的简便起见,那么科恩的信仰是一种逻辑实证主义的政治承诺,就是要重塑马克思历史理论的科

---

① [澳]杨·亨特:《分析的马克思主义和"新辩证法"学派》,张宪译,《现代哲学》2004 年第 4 期,第 21 页。
② John E. Roemer. *Analytical Marxism*, Cambridge University Press, 1986, p. 2.

学样式,为马克思的议题辩护。为此,他旗帜鲜明地反对不加批判地奉承马克思主义,反对"胡说的马克思主义",坚持以逻辑理性的态度和方法对待马克思主义。

三、科恩历史哲学代表英美哲学对马克思历史理论的"共同常识"

如果以科恩和哈贝马斯为两个代表人物的话,他们就分别属于马克思历史理论的两个相反谱系。科恩代表英美哲学的分析传统,哈贝马斯代表包括黑格尔和马克思在内的欧陆哲学的人文传统。对科恩而言,"技术"进步是历史发展的"动力",并推动政治、法律和文化领域的变化。对哈贝马斯而言,道德实践意识中的变化是历史发展的中心,而这些变化无法归约为技术增长的纯粹功能①。

科恩历史哲学是对正统马克思历史理论的一种分析式辩护。科恩历史哲学充分体现对现代西方主流的哲学社会科学方法论的运用,甚至在某种意义上可以说,《卡尔·马克思的历史理论:一个辩护》本身就是一部分析哲学的著作,只是其研究主题为马克思的历史理论。正是运用分析哲学的分析技术这把"奥卡姆剃刀",科恩严格界定生产力、生产关系、经济结构和上层建筑等基本概念,严格论证"发展命题"和"首要性命题"等基本命题,严格讨论"合法性问题"、"解释方向问题"和"解释不适用性问题"等重要问题,明确主张历史唯物主义主要是一种功能解释,从而为马克思历史理论提供一个清晰而严格的分析样式。

在我国的马克思主义学术传统中,也许因为在演绎性思维方式上的接近,我们基本上秉持一种欧陆哲学的思维范式,而明显缺乏英美分析哲学的思维训练。作为一个马克思主义研究的理论大国,为避免

---

① 参见 A. Anthony Smith, "Two Theories of Historical Materialism: G. A. Cohen and Jürgen Habermas", *Theory and Society*, Vol. 13, No. 4 (Jul., 1984), pp. 513 – 540。

马克思主义学术研究陷入经学独断论的窠臼,有必要兼收并蓄,为我所用。

四、"主流方法论"是一种普遍的方法论规范

从事哲学研究可以有不同的方法,其中一种普遍的方法就是自亚里士多德以降的分析论证方法,这种方法在现代学科分类中属于逻辑学,在哲学分类中最具代表性的运用就是分析哲学和语言哲学。

马克思主义研究需要借鉴和吸收世界上一切先进的科学理论和方法。虽然我们认为历史唯物主义不能完全形式化和细节化,但是在论述马克思经典理论时适当运用这样的"主流方法论"会为马克思主义提供更为"坚实的"理论基础和更为"普遍的"时代特征。

科恩历史哲学正是基于马克思历史理论过于粗糙的情况而对其进行的一种"适合于时代"的辩护,它的目的是澄清各种混乱与曲解,使马克思历史理论上升到一个纯粹哲学的"高度"。也正是基于方法论优势,分析的马克思主义成为当代国外马克思主义的一个希望,开创出马克思主义研究的"分析转向"。对此,赖特进一步指出:"尽管在世界范围内马克思主义的学术研究正在衰退,但是面对学院外进步读者的分析的马克思主义者作品的出版量却正在全世界上升,分析马克思主义思想也开始对左派的公共讨论产生影响。"[①]

五、逻辑论证与生存论诠释是一种相辅相成的关系

从生存论的视角来看,历史唯物主义是"感性活动"的自我展开过程,而不是形而上学范式的逻辑建构。正如马克思在《德意志意识形态》

---

① E. O. Wright, *Interrogating Inequality: Essays on Class Analysis, Socialism and Marxism*. Verso, 1994, p. 196.

中所说:"历史的每一阶段都遇到一定的物质结果,一定的生产力总和,人对自然以及个人之间历史地形成的关系,都遇到前代传给后一代的大量生产力、资金和环境,尽管一方面这些生产力、资金和环境为新的一代所改变,但另一方面,它们也预先规定新的一代本身的生活条件,使它得到一定的发展和具有特殊的性质。由此可见,这种观点表明:人创造环境,同样,环境也创造人。"[1]因此说,既不能简单地说人是环境的产物,也不能简单地说人创造了环境,因为人和环境的改变走的是同一条道路。所以,历史既不是"意识"的设计结果,也不是"物质"的单纯发展过程,而是"感性活动"的自我展开过程。

但是,"感性活动"到底是什么?能否对它给出一个符合逻辑要求的严格定义?显然不能!因为哲学方法不同于自然科学的研究方法。那么,对马克思哲学的解读是否只有一种方法是正确的?现实中的理论和实践已经给出了多种多样的解读,并且这种解读至今没有终结,甚至在某种意义上也不会终结。科恩是分析的马克思主义的创立者,他没有从生存论的角度出发来诠释世界,而是从逻辑论证出发来分析马克思历史理论的文本。那么,"改变世界"的哲学主张与"解释世界"的哲学立场之间是矛盾关系吗?显然,两者持有不同的规范要求,但这并没有否定两者之间展开合作的可能性。

实际上,"分析"是哲学本身的要求,"生存"是现实的自我展开,两者统一于"思想"的事业之中,因为"哲学是把握在思想中的它的时代"。如果仅仅坚持生存论的诠释,而不充分重视语言和逻辑的分析,那么很容易由于缺乏统一的规范而陷入玄学式的无谓争论之中。生存论诠释是面对客观世界,逻辑论证是面对生存论诠释。可以说,逻辑论证是对生存论诠释的一种规范性要求。正是在这个意义上,它们是一种相辅相成的关系,共同完成对客观世界的认识和理解。

---

[1]《马克思恩格斯选集》第 1 卷,人民出版社,2012 年,第 172—173 页。

六、有待深入研究的议题

客观的现实世界只有一个,解释的文本自古以来就有很多,甚至后者又衍生出更多的文本。究其种类,一是文本主义的,阁楼一关,自成一统,自言自语,似乎预言着真理,指导着未来,这实际上是一种主观主义,在很大程度上属于科恩所竭力驳斥的"胡说的马克思主义";另一是教条主义的,教条主义忠实于理论,但那是自掘坟墓,因为"尽信书,则不若无书",理论不可能提前把真理放到那里。如果有的话,那也只能是发挥某种宗教的功用,甚至都不是宗教,因为宗教都必须关注现实生活。但是,我们在这里不是讨论宗教,而是讨论科学。

恩格斯曾公开声明:"马克思的整个世界观不是教义,而是方法。他提供的不是现成的教条,而是进一步研究的出发点和供这种研究使用的方法。"①邓小平在会见戈尔巴乔夫时说:"决不能要求马克思为解决他去世之后上百年、几百年所产生的问题提供现成答案。列宁同样也不能承担为他去世以后五十年、一百年所产生的问题提供现成答案的任务。真正的马克思列宁主义者必须根据现在的情况,认识、继承和发展马克思列宁主义。世界形势日新月异,特别是现代科学技术发展很快。现在的一年抵得上过去古老社会几十年、上百年甚至更长的时间。不以新的思想、观点去继承、发展马克思主义,不是真正的马克思主义者。"②现在,分析的马克思主义者科恩秉持"信仰而不奉承"的政治承诺,已给出关于历史唯物主义的英国哲学的"共同常识",那么,对我国的马克思主义研究者而言,如何批判地借鉴和吸收这些"主流方法论",推进我国马克思主义学术研究的普遍化,提升在国际学界的"话语权",就成为下一个有待深入研究的议题。

---

① 《马克思恩格斯选集》第4卷,人民出版社,2012年,第664页。
② 《邓小平文选》第三卷,人民出版社,1993年,第291—292页。

主要参考文献

外文文献：

1. Agar, Joly, "G. A. Cohen's Functional Explanation: A Critical Realist Analysis", *Philosophy of the Social Sciences*, Vol. 33, No. 3, September 2003.
2. Arneson, Richard J., "What's Wrong with Exploitation", *Ethics*, 91(1981).
3. Ball, Terence, and Farr, James (eds.), *After Marx*, Cambridge University Press, 1984.
4. Bates, David (eds.), *Marxism, Intellectuals and Politics*, Palgrave Macmillan, 2007.
5. Beaney, Michael (eds.), *The Frege Reader*, Blackwell Publishers Ltd., 1997.
6. Buchanan, Allen E., *Marx and Justice: The Radical Critique of Liberalism*, Rowman and Littlefield, 1982.
7. Buchanan, Allen E., "Marx, Morality, and History: An Assessment of Recent Analytical Works on Marx", *Ethics* 98 (1987).
8. Carver, Terrell & Thomas Paul (eds.), *Rational Choice Marxism*, Palgrave Macmillan, 1995.
9. Chitty, Andrew & McIvor, Martin (eds.), *Karl Marx and Contemporary Philosophy*, Palgrave Macmillan, 2009.
10. Cohen, G. A., "Functional Explanation, Consequence Explanation and Marxism", *Inquiry*, 25.1 (1982).
11. Cohen, G. A., "Walt on Historical Materialism and Functional Explanation", *Ethics*, 97.1 (1986).
12. Cohen, G. A., *History, Labour, and Freedom: Themes from Marx*, Oxford: Oxford University Press, 1988.
13. Cohen, G. A., *Self-Ownership, Freedom, and Equality*, Cambridge University Press, 1995.

14. Cohen, G. A., *Karl Marx's Theory of History: A Defence*, Expanded Edition, Princeton, N. J.: Princeton University Press, 2000.
15. Cohen, G. A., *If You're an Egalitarian, How Come You're So Rich?* Harvard University Press, 2000.
16. Cohen, G. A., "Deeper into Bullshit", in S. Buss & L. Overton (eds.), *Contours of Agency*, Cambridge, MA: MIT Press, 2002.
17. Cohen, G. A., *Rescuing Justice and Equality*, Harvard University Press, 2008.
18. Cohen, G. A., *Why not Socialism?* Princeton University Press, 2009.
19. Elster, Jon, *Logic and Society: Contradictions and Possible Worlds*, John Wiley & Sons Ltd., 1978.
20. Elster, Jon, "Marxism, Functionalism and Game Theory: The Case for Methodological Individualism", *Theory and Society*, Vol. 11, No. 4 (Jul. 1982).
21. Elster, Jon, *Making Sense of Marx*, Cambridge University Press, 1985.
22. Elster, Jon, *Rational Choice*, Blackwell, Oxford, 1986.
23. Elster, Jon, *Ulysses Unbound*, Cambridge University Press, 2000.
24. Geach, Peter & Black, Max, *Translations from the Philosophical Writings of Gottlob Frege*, Second Edition, Basil Blackwell, 1960.
25. Heath, Joseph, "Habermas and Analytical Marxism", *Philosophy & Social Criticism*, Vol 35, No. 8.
26. Hwang, Richard Ruey-Chyi, *Recent Interpretations of Karl Marx's Social Theory: An Essay on Habermas, Cohen and Elster*, Peter Lang Frankfurt am Main, 2006.
27. Jacobs, Lesley A., "The Second Wave of Analytical Marxism", *Philosophy of the Social Sciences*, Vol. 26, No. 2, June 1996.
28. Larrain, Jorge, *A Reconstruction of Historical Materialism*, London: Allen & Unwin, 1986.
29. Levine, Andrew, *Arguing for Socialism*, London, 1984.
30. Levine, Andrew, *A Future for Marxism? Althusser, the Analytical Turn and the Revival of Socialist Theory*, Pluto Press, 2003.
31. Little, Daniel, *The Scientific Marx*, University of Minnesota Press, 1986.
32. Miller, Alexander, *Philosophy of Language*, Second Edition, Routledge, 2007.
33. Roberts, Marcus, *Analytical Marxism: A Critique*, Verso, 1996.
34. Roemer, John E., *Analytical Foundation of Marxian Economic Theory*,

Cambridge University Press, 1981.

35. Roemer, John E., *A General Theory of Exploitation and Class*, Harvard University Press, 1982.
36. Roemer, John E., "Methodological Individualism and Deductive Marxism", *Theory and Society*, Vol. 11, No. 4 (Jul. 1982).
37. Roemer, John E., *Analytical Marxism*, Cambridge University Press, 1986.
38. Roemer, John E., *Free To Lose: An Introduction to Marxist Economic Philosophy*, Harvard University Press, 1988.
39. Shaw, William H., *Marx's Theory of History*, California, Stanford: Stanford University Press, 1978.
40. Shaw, William H., "Historical Materialism and the Development Thesis", *Philosophy of the Social Sciences*, 16 (1986).
41. Smith, A. Anthony, "Two Theories of Historical Materialism: G. A. Cohen and Jürgen Habermas", *Theory and Society*, Vol. 13, No. 4 (Jul. 1984).
42. Smith, Tony, *Dialectical Social Theory and Its Critics: From Hegel to Analytical Marxism and Postmodernism*, State University of New York Press, 1992.
43. Tarrit, Fabien, "A Brief History, Scope, and Peculiarities of 'Analytical Marxism'", *Review of Radical Political Economics*, Vol. 38, No. 4 (Fall 2006).
44. Veneziani, Roberto, "Analytical Marxism", *Journal of Economic Surveys*, 26 (4) (2012).
45. Veneziani, Roberto, "A Future for (Analytical) Marxism?" *Philosophy of the Social Sciences*, Vol. 38, No. 3 (September 2008).
46. Ware, Robert & Nielsen, Kai (eds.), *Analyzing Marxism: New Essays on Analytical Marxism*, Canadian Journal of Philosophy, supplementary vol. 15, The University of Calgary Press, 1989.
47. Wetherly, Paul, *Marxism and the State: An Analytical Approach*, Palgrave Macmillan, 2005.
48. Wood, Allen W., "The Marxian Critique of Justice", *Philosophy and Public Affairs*, 1 • 3 (Spring 1972).
49. Wood, Allen W., *Karl Marx*, London: Routledge and Kegan Paul, 1981.
50. Wright, Erik O., *Class, Crisis and the State*, London, New Left Books, 1978.
51. Wright, Erik O., *A General Framework for the Analysis of Class Structure*, Politics and Society, 13 • 4 (1984).

52. Wright, Erik O. , *Classes*, London, Verso, 1997.

中文文献：

53. 《马克思恩格斯选集》(第 3 版)第 1—4 卷,人民出版社,2012 年。
54. 《马克思恩格斯全集》(第 2 版)第 1、2、3、4、6、7、23、24、32、42、46、47 卷,人民出版社,1995—2004 年。
55. [德]马克思:《资本论》,人民出版社,2004 年。
56. 《邓小平文选》第三卷,人民出版社,1993 年。
57. [英]D. 麦克莱伦:《历史与现在:马克思和马克思主义》,陈亚军译,《世界哲学》2005 年第 1 期。
58. [英]G. A. 柯亨:《卡尔·马克思的历史理论:一个辩护》,岳长龄译,重庆出版社,1989 年。
59. [英]G. A. 科恩:《对分析的马克思主义的反思》,陈伟译,《复旦哲学评论》第 3 辑,上海人民出版社,2006 年。
60. [英]G. A. 科恩:《卡尔·马克思的历史理论:一种辩护》,段忠桥译,高等教育出版社,2008 年。
61. [英]G. A. 柯亨:《柯亨评艾伦·伍德的〈卡尔·马克思〉》,林育川译,《国外理论动态》2013 年第 6 期。
62. [英]G. A. 科恩:《拯救正义与平等》,陈伟译,复旦大学出版社,2014 年。
63. [英]迈克尔·达米特:《分析哲学的起源》,王路译,上海译文出版社,2005 年。
64. [英]H. L. A. 哈特:《法律的概念》,许家馨、李冠宜译,法律出版社,2011 年。
65. [英]克里斯多夫·贝塔姆:《剖析分析的马克思主义》,刘斌译,《现代哲学》2003 年第 4 期。
66. [英]梅格纳德·德赛:《马克思的复仇》,汪澄清译,郑一明校,中国人民大学出版社,2006 年。
67. [英]乔恩·埃尔斯特:《逻辑与社会:矛盾与可能世界》,贾国恒、张建军译,南京大学出版社,2015 年。
68. [英]乔纳森·沃尔夫:《21 世纪,重读马克思》,范元伟译,清华大学出版社,2015 年。
69. [英]佩里·安德森:《当代西方马克思主义》,高铦等译,东方出版社,1989 年。
70. [美]诺曼·莱文、张亮:《从"西方马克思主义"到"西方马克思学"——诺曼·莱文教授访谈录》,《南京大学学报》2006 年第 6 期。
71. [美]诺曼·莱文:《马克思与黑格尔的对话》,周阳等译,中国人民大学出版社,2015 年。
72. [美]乔恩·埃尔斯特:《政治心理学》,陈秀峰、胡勇译,吉林出版集团有限责任公司，2015 年。

73. ［美］乔恩·埃尔斯特：《理解马克思》，何怀远等译，中国人民大学出版社，2016 年。

74. ［美］R. W. 米勒：《分析马克思——道德、权力和历史》，张伟译，高等教育出版社，2009 年。

75. ［美］威廉·肖：《马克思的历史理论》，阮仁慧、钟石韦、冯瑞荃译，重庆出版社，1989 年。

76. ［美］威廉姆·H. 肖、沈亚生：《分析的马克思主义在当代——威廉姆·H. 肖教授访谈录》，《南京大学学报》2008 年第 5 期。

77. ［美］悉尼·胡克：《对卡尔·马克思的理解》，徐崇温译，重庆出版社，1989 年。

78. ［美］约翰·罗默：《社会主义的未来》，余文烈等译，重庆出版社，1997 年。

79. ［加］鲍勃·威尔：《分析哲学与"分析的马克思主义"》，李莉译，《复旦学报》（社会科学版）1985 年第 4 期。

80. ［加］罗伯特·韦尔、凯·尼尔森：《分析马克思主义新论》，鲁克俭、王来金、杨洁等译，中国人民大学出版社，2002 年。

81. ［澳］杨·亨特：《分析的马克思主义和"新辩证法"学派》，张宪译，《现代哲学》2004 年第 4 期。

82. ［澳］杨·亨特：《分析的和辩证的马克思主义》，徐长福、刘宇等译，重庆出版社，2010 年。

83. ［奥］维特根斯坦：《逻辑哲学论》，郭英译，商务印书馆，1962 年。

84. ［德］尤尔根·哈贝马斯：《重建历史唯物主义》，郭官义译，社会科学文献出版社，2000 年。

85. ［德］弗雷格：《弗雷格哲学论著选辑》，王路译，商务印书馆，2006 年。

86. ［法］鲍德里亚：《生产之镜》，仰海峰译，中央编译出版社，2005 年。

87. ［日］柄谷行人：《马克思，其可能性的中心》，［日］中田友美译，中央编译出版社，2006 年。

88. 昂扬：《数理逻辑的思想和方法》，复旦大学出版社，1991 年。

89. 曹玉涛：《略论分析马克思主义对马克思主义的"重建"》，《哲学研究》2010 年第 6 期。

90. 陈伟：《逻辑思维训练》，北京大学出版社，2006 年。

91. 陈伟：《在马克思主义和分析哲学之间——访 G. A. 柯亨教授》，《哲学动态》2007 年第 11 期。

92. 陈伟：《非形式逻辑思想渊源》，复旦大学出版社，2017 年。

93. 陈学明等：《二十世纪西方马克思主义哲学》，人民出版社，2012 年。

94. 陈学明：《今天我们如何研究马克思主义哲学》，《哲学研究》2002 年第 2 期。

95. 崔之元：《功能解释与"分析的马克思主义"》，《中国社会科学院研究生院学报》1986年第6期。
96. 董艾辉：《试析科恩对生产力首要性命题的说明》，《中国青年政治学院学报》1999年第4期。
97. 段忠桥：《关于分析的马克思主义的两个问题——与余文烈同志商榷》，《马克思主义研究》1997年第4期。
98. 段忠桥：《再谈分析的马克思主义的主要特征》，《马克思主义研究》2000年第6期。
99. 段忠桥：《谈谈科恩对生产力和生产关系相互关系的功能解释》，《哲学研究》2005年第5期。
100. 段忠桥：《重释历史唯物主义》，江苏人民出版社，2009年。
101. 段忠桥：《科恩对历史唯物主义的再思考》，《哲学研究》2013年第2期。
102. 段忠桥：《科恩对历史唯物主义三个基本问题的辩护》，《河北学刊》2013年第2期。
103. 段忠桥：《为社会主义平等主义辩护——G.A.科恩的政治哲学追求》，中国社会科学出版社，2014年。
104. 郭杰忠：《生产力概念的制定及其对历史唯物主义的意义》，《马克思主义、列宁主义研究》2005年第12期。
105. 黄瑞祺：《欧美历史唯物主义新论：柯亨、艾尔斯特和哈伯马斯论历史唯物主义》，台湾允晨文化实业股份有限公司，2016年。
106. 何萍：《从莱文对分析马克思主义思想的评析看今日英美马克思主义哲学》，《江西社会科学》2013年第4期。
107. 何增科：《什么是分析的马克思主义》，《当代世界与社会主义》1997年第1期。
108. 刘放桐：《从经典马克思主义到西方马克思主义》，《马克思主义、列宁主义研究》2005年第1期。
109. 鲁克俭：《国外马克思学研究的热点问题》，中央编译出版社，2006年。
110. 吕增奎：《马克思与诺齐克之间——G.A.柯亨文选》，江苏人民出版社，2007年。
111. 孟伟：《分析的马克思主义与马克思主义科学化》，《山东师范大学学报》（人文社会科学版）2009年第4期。
112. 齐艳红：《"分析马克思主义"反对何种形式的辩证法》，《德州学院学报》2011年第3期。
113. 齐艳红：《分析马克思主义方法论研究》，中国社会科学出版社，2012年。
114. 齐艳红：《"重构历史唯物主义"的三种路径——历史主义、结构主义与分析马克思主义的方法论及其局限》，《中国人民大学学报》2013年第5期。

115. 乔瑞金、周星：《分析的马克思主义与马库斯的质疑》，《山西大学学报》2003年第3期。
116. 乔瑞金、李华荣：《从历史发展动力看柯亨对马克思所做的辩护》，《自然辩证法研究》2009年第4期。
117. 王德峰：《在存在论境域中领会历史唯物主义》，《江西社会科学》2005年第8期。
118. 王福兴、那凤琴：《分析的马克思主义浅析》，《北方论丛》1995年第3期。
119. 魏小萍：《追寻马克思》，人民出版社，2005年。
120. 魏小萍：《马克思主义与自由主义论战的哲学基础》，《现代哲学》2003年第1期。
121. 吴晓明、王德峰：《马克思的哲学革命及其当代意义》，人民出版社，2005年。
122. 吴晓明：《马克思对主体哲学的批判与当代哲学的语言学转向》，《复旦学报》2006年第3期。
123. 吴英：《柯亨对马克思历史理论的研究——沃尔夫教授访谈》，《中国社会科学报》2011年5月12日，第008版。
124. 徐友渔：《当代西方政治哲学中关于平等的讨论》，《云南大学学报》2005年第4卷第2期。
125. 杨松：《马克思主义是否从"事实"推出"价值"——西方分析的马克思主义的成果、缺陷与启示》，《厦门大学学报》（哲学社会科学版）2012年第5期。
126. 余文烈：《分析学派的马克思主义》，重庆出版社，1993年。
127. 余文烈：《什么是分析的马克思主义的本质特征?》，《马克思主义研究》1997年第5期。
128. 余文烈：《分析派马克思主义的分析方法评析》，《国外社会科学》1993年第10期。
129. 俞吾金：《西方马克思主义发展中的语言学转向》，《河北学刊》2003年第6期。
130. 俞吾金、陈学明：《国外马克思主义哲学流派新编·西方马克思主义卷》，复旦大学出版社，2002年。
131. 俞吾金：《历史唯物主义是哲学而不是实证科学》，《学术月刊》2009年第10期。
132. 曾枝盛：《分析马克思主义学派的形而上学方法论》，《马克思主义研究》1997年第3期。
133. 张建军、曾庆福：《关于"分析马克思主义"思潮的几个问题》，《学术月刊》2010年第12期。
134. 张之沧：《分析派马克思主义对唯物史观的辩护》，《求实》2004年第3期。

后　记

　　行文至此,回到本源。第一,我想起科恩先生在《卡尔·马克思的历史理论:一个辩护》扉页上写下的一段话,它是援引斯蒂芬·鲍恩和玛丽·埃西德《小男孩和他的房屋》中的话:"因为他们全都说'它依赖于……它全部依赖于……它全部依赖于你住在哪里,以及你不得不用什么来建筑它。'"一个比较明显的理解是,科恩先生认为,与建筑房屋的活动相类似,科学研究离不开一个人的学术环境以及他所能够使用的研究工具。科恩在大学时代受到系统的分析哲学训练,孩提时代生活在充满共产主义气息的氛围之中,他自然而然地并且"不得不"把两者结合在一起,从而"创造性地"实现马克思哲学研究的"分析转向"。在这里,跨越时空,比较相似的情形是,我在硕士研究生阶段受到的是现代逻辑(包括一阶逻辑和模态逻辑)的学术训练,最初任教也是从事现代逻辑方面的教学和研究;而青少年时代"生活在红旗下",在攻读马克思主义哲学博士学位时,一种"自然的"选择就是把现代逻辑的方法论和马克思主义哲学研究结合起来;从师长那里欣喜地得知科恩先生已开创出这条道路,并在国外马克思主义中独树一帜,因此,我就选择了这个方向。

　　第二,想到科恩先生在《拯救正义与平等》的"导言"中的一句话:"你要从某物中拯救出某物。"这句话来自他的分析哲学导师吉尔伯特·赖尔,它其实也是科恩学术研究的指导原则。科恩一生的学术事业就是运用分析哲学的方法论这把"奥卡姆剃刀"来"拯救"他心目中的马克思主义。如果说《卡尔·马克思的历史理论:一个辩护》是从黑格尔式辩证法中"拯救"历史唯物主义,那么《拯救正义与平等》就是致力于从罗尔斯的自由主义思想中拯救出正义和平等。可以说,从历史唯物主义到政治哲学,科恩的学术志业中一脉相承的是方法和承诺。这是一种驳斥胡说、驳斥教条主义和主观主义的方法,坚持以科学的方法论作为学术研究工具;这是一种反对资本主义、反对剥削和不平等的承诺,坚持以社会主义和平等主义作为政治承诺。正是如此,科恩以批判的态度、运用批判的工具去"拯救"那些被遮蔽的马克思的命题。

在翻译《拯救正义与平等》之后,"你要从某物中拯救出某物"就成为经常回响在我的耳边的一句话。现在,这句话也成为我的一个学术指导原则。学术研究是一个坚持独立思考和综合分析的事业,我们必须坚持以论证和批判性思维作为自己的学术方法论,才能在整体的思辨中不至于陷入教条主义;同时,我们必须坚持人类解放的终极价值导向,才能在多元思潮的激烈碰撞中不至于陷入虚无主义。

第三,我想起和科恩先生的学术交往。2005年3月,在万灵学院科恩先生的办公室中,我和他愉快地交流学术问题;在距离学院不远的咖啡馆中,我和他开心地交流生活趣事;在高街上,我和他交流着对时事的看法;在牛津书店,他慷慨地专门购书并题字相赠;在他的办公室藏书室,他认真地选择重要的文献;在万灵学院餐厅,他介绍餐厅屋顶的壁画……以及后来几年中和科恩的邮件交流,每次他都回复得非常及时,认真负责地交流和讨论,并且满足我对一些学术资料的要求。科恩先生留给我的印象是,学术严谨,反对教条;不拘形式,大家风范;幽默风趣,乐于助人。在2009年8月上旬的一天,忽然闻悉科恩先生去世的消息,我彻夜难眠。在我的眼中,科恩先生不仅是"平等主义的良心",更是学术道路上的楷模,以及一见如故的良师益友。

第四,本书的主要任务是尽可能准确而客观地理解科恩的历史哲学,尽量少一些站在对立或不同的哲学立场上的批判(尽管偶尔也会做出这样的必要批判)。因为这样的批判相对于准确的理解更容易做出,但是,这样的批判一方面未必深刻,就好比我们很难一般地说功利主义道德观和绝对主义道德观中哪一个是正确的,这时候,深刻地理解一个立场比简单地站在一个立场批判另一个立场更不容易;另一方面,简单的批判很容易掩盖科恩历史哲学本身的重要学术价值。"批判"固然重要,但尊重原创者的精神建构,才是对原创思想和原创者本人的尊重。而且,"理解"是"批判"的前提,没有真正的理解,就没有真正的批判。因此,本书主要是从"同情式理解"这个角度来研究科恩,并尽量为科恩历史哲学做出合乎其本来面目的辩护。这样做的一个主要目的是,展示一种"有价值的研究方法",让我们看到马克思哲学研究的另外一种可能性;同时,为"批判性建构"厘清前提,夯实基础。

第五,有许多要感谢的人和机构。首先感谢我在攻读博士学位阶段尤其是撰写博士论文的过程中难忘的人,他们包括我的博士生导师吴晓明教授,他所强调的"入门须正""取法乎高"于我印象最为深刻;包括在交流中使我获益良多的王德峰教授、冯平教授、俞吾金教授、余源培教授、陈学明教授、孙承叔教授和郑召利教授。其次,感谢对我的学术生涯有直接而深刻影响的牛津大学万灵学院科恩教授。他远远没有其雕像般的照片那么严肃,而是充满活泼和幽默;感谢他当年的诚挚邀请和热情接待,感谢他慷慨赠予的大量文献作品。加上牛津大学自然史博物馆的恐龙化石,以及牛津大学公园的初春景色……都使我对牛津的初次印象相当不错。再次,感谢国家社会科学基金。在其原本的意义上,一个国家的社会科学基金项目的发展和繁荣,往往预示着这个国家和民族的发展和繁荣,并将带给这个国家和民族更大更长远的发展和繁荣。具体到本书而言,甚至可以说,如果没有国家社会科学基金项目的"雪中送炭",我不知道本书会何时才能面世。

最后,必须要说明的是,由于能力有限等原因,本书肯定还有不少地方仍显粗糙,甚至难免错漏之处。唯愿能抛砖引玉,期待我国马克思主义学界继续海纳百川,不断创新,引领时代。

陈 伟

2017年5月于复旦大学光华楼

图书在版编目(CIP)数据

科恩历史哲学研究/陈伟著. —上海：复旦大学出版社,2017.10
ISBN 978-7-309-13316-5

Ⅰ. 科… Ⅱ. 陈… Ⅲ. 马克思主义-历史哲学-研究　Ⅳ. ①B0-0②K01

中国版本图书馆 CIP 数据核字(2017)第 252324 号

科恩历史哲学研究
陈　伟　著
责任编辑/陈　军

复旦大学出版社有限公司出版发行
上海市国权路 579 号　邮编：200433
网址：fupnet@fudanpress.com　http://www.fudanpress.com
门市零售：86-21-65642857　团体订购：86-21-65118853
外埠邮购：86-21-65109143　出版部电话：86-21-65642845
常熟市华顺印刷有限公司

开本 787×960　1/16　印张 12　字数 153 千
2017 年 10 月第 1 版第 1 次印刷
印数 1—1 100

ISBN 978-7-309-13316-5/B·645
定价：32.00 元

如有印装质量问题，请向复旦大学出版社有限公司出版部调换。
版权所有　　侵权必究